Bitcoin

MAÎTRISER LE MONDE DE

LA CRYPTO-MONNAIE:

Votre manuel ultime sur Bitcoin

Gabriel Moreau

Table des matières

Introduction

Bienvenue dans « Bitcoin : Maîtriser le monde de la crypto-monnaie - Votre manuel ultime sur Bitcoin ». Cet ebook est votre guide détaillé sur le monde fascinant du Bitcoin et sur le paysage plus vaste des crypto-monnaies. Ce guide est créé pour répondre à vos besoins, que vous soyez un débutant curieux essayant de comprendre de quoi il s'agit, un trader occasionnel cherchant à approfondir ses connaissances ou un investisseur expérimenté cherchant à rester à la pointe du monde de la cryptographie.

Le secteur financier évolue par rapport à ce que nous connaissions autrefois. Il existe désormais d'autres moyens d'effectuer des transactions, de réaliser des investissements et de stocker de la valeur que l'utilisation des monnaies fiduciaires traditionnelles. Un nouveau type de monnaie numérique décentralisée construit sur la technologie blockchain a été rendu possible par l'invention du Bitcoin en 2009. En plus d'être connu aujourd'hui, le Bitcoin a également déclenché une révolution technologique et donné naissance à des dizaines de crypto-monnaies alternatives.

Même pour les personnes férues de technologie, naviguer dans ce nouveau domaine de la finance décentralisée peut s'avérer difficile.

La technologie peut sembler impénétrable, les termes sont souvent énigmatiques et l'environnement est en constante évolution. Ce livre électronique répond à ce besoin.

Dans cet ebook, nous commençons par les bases du Bitcoin : le problème qu'il cherche à résoudre, l'idée qui le sous-tend et la technologie sur laquelle il est basé. Nous discuterons des mécanismes sous-jacents aux transactions Bitcoin, au minage et au maintien de la valeur. L'importance des portefeuilles, des clés et des adresses sur le réseau Bitcoin vous sera expliquée et nous vous guiderons à travers les procédures d'achat, de vente et d'utilisation.

Nous approfondirons également les stratégies de trading et d'investissement Bitcoin, vous donnant une compréhension de diverses méthodes et techniques de gestion des risques. Le livre électronique vous fournira un aperçu du monde plus vaste des crypto-monnaies, expliquera comment Bitcoin interagit avec les « altcoins » et passera en revue quelques éléments clés du passé de Bitcoin.

Enfin, ce guide abordera les questions cruciales liées à la confidentialité, à la sécurité et aux implications juridiques de l'utilisation du Bitcoin avant de proposer des prédictions d'experts sur l'avenir de cette monnaie révolutionnaire.

Alors soyez prêt pour une aventure éducative à travers le monde passionnant et dynamique du Bitcoin. C'est ici que commence le chemin vers la maîtrise du Bitcoin!

CHAPITRE I

Bitcoin: La genèse
de la crypto-monnaie

Qu'est-ce que le Bitcoin ?

Bitcoin, une monnaie numérique décentralisée, est devenu extrêmement populaire depuis la sortie de la crise financière de 2008. En tant que première crypto-monnaie, Bitcoin défie les systèmes financiers établis en fournissant un réseau peer-to-peer exempt d'intermédiaires et d'autorités. Bitcoin est basé sur une preuve cryptographique, permettant des transactions sûres, vérifiables et irréversibles. Il a été conceptualisé par l'entité pseudonyme Satoshi Nakamoto. La nature complexe du Bitcoin sera examinée dans cette section, ainsi que sa technologie sous-jacente, ses principes directeurs et sa capacité à modifier complètement notre façon de penser l'argent.

Dans un livre blanc intitulé « Bitcoin : un système de paiement électronique peer-to-peer », publié par Nakamoto en octobre 2008, l'idée du Bitcoin a été décrite. Le bloc Genesis ou bloc 0 de la blockchain Bitcoin, qui est le premier bloc, n'a été extrait par Nakamoto que le 3 janvier 2009. Bitcoin est apparu comme un symbole d'espoir pour un avenir financier décentralisé à la suite d'un système financier défaillant entaché par sauvetages bancaires et méfiance.

Avec Bitcoin, le recours à un tiers fiable comme les banques ou les gouvernements dans les transactions financières devrait être éliminé. Bitcoin suggère une réinvention radicale des systèmes financiers en établissant un système dans lequel la confiance est générée non pas par des intermédiaires puissants mais plutôt par le consensus du réseau, la cryptographie et des logiciels innovants.

À la base, Bitcoin est une crypto monnaie qui utilise des méthodes cryptographiques pour protéger les transactions, limiter la création de nouvelles unités et confirmer le transfert d'actifs. Bitcoin est décentralisé et s'appuie sur un réseau dispersé d'utilisateurs pour effecteur et valider les transactions, contrairement aux monnaies conventionnelles (monnaies fiduciaires) émises par une autorité centralisée.

La technologie blockchain, sur laquelle repose Bitcoin, est l'un de ses piliers. Un registre public décentralisé appelé blockchain stocke toutes les transactions Bitcoin. Chaque transaction est regroupée en un seul « bloc », qui est ensuite inclus dans la « chaîne » des transactions précédentes. Étant donné que la modification d'un enregistrement de transaction dans la chaîne nécessiterait un consensus majoritaire improbable de la part de l'ensemble du réseau, ce processus garantit la transparence et la sécurité.

L'acte de « miner » est un élément crucial des opérations de Bitcoin. Essentiellement, cela implique d'utiliser la puissance de traitement pour résoudre des énigmes mathématiques difficiles avant d'ajouter les résultats à la blockchain pour valider les transactions. L'expression « minage » fait référence au processus de création de nouveaux bitcoins en guise de récompense, ainsi qu'aux frais de transaction.

La vitesse à laquelle les nouveaux Bitcoins sont créés est également gérée par ce processus. Tous les quatre ans, ou « réduction de moitié », le réseau est structuré de manière à réduire de moitié le rendement minier. En raison de la baisse du taux de production de ce système, il n'y aura qu'environ 21 millions de bitcoins en circulation, ce qui confère au bitcoin une rareté comparable à celle de matières premières précieuses comme l'or.

L'organisation des transactions Bitcoin est distincte. Les transactions Bitcoin ont lieu entre « adresses », par opposition aux transactions traditionnelles, où les identités sont connectées aux comptes. Semblable à un numéro de compte, une adresse Bitcoin est un ensemble de caractères alphanumériques qui désigne le destinataire d'un paiement Bitcoin.

Une clé privée correspondante doit être détenue afin de contrôler les bitcoins liés à une adresse. Semblable à une signature numérique, cette clé privée garantit la légitimité d'une transaction et empêche sa modification une fois autorisée.

Ces adresses et clés privées sont gérées par les utilisateurs utilisant des « portefeuilles » pour Bitcoin. Ils peuvent prendre de nombreuses formes différentes, du matériel aux applications mobiles, et offrir différents degrés de commodité et de sécurité.

Le Bitcoin est fondamentalement différent des types de monnaie conventionnels en raison de ses caractéristiques et de sa conception. Il offre un niveau d'autonomie et de confidentialité aux utilisateurs peu commun dans les systèmes bancaires conventionnels en raison de sa nature décentralisée. Son mécanisme de rareté inhérent remet en question la tendance à l'inflation des monnaies fiduciaires, leur conférant une « réserve de valeur » potentielle similaire à l'or.

Cependant, en raison de l'enfance relative du Bitcoin et de son prix volatil, son utilité en tant que « moyen d'échange » a fait l'objet d'études. Le Bitcoin est de plus en plus accepté par les commerçants, même si son utilisation généralisée comme moyen de paiement en est encore à ses débuts.

Comprendre Bitcoin nécessite d'apprécier sa complexité technologique, sa philosophie décentralisée et son potentiel à modifier fondamentalement la façon dont nous percevons et utilisons l'argent. Le parcours du Bitcoin a été caractérisé par la volatilité, l'examen minutieux et, plus récemment, l'acceptation depuis sa conception jusqu'à son importance actuelle. Il sert désormais de représentation d'un mouvement plus large vers la décentralisation et le changement numérique financier, servant d'inspiration à d'innombrables autres projets de blockchain et de crypto-monnaie.

Essentiellement, Bitcoin est une expérience socio-économique de confiance, de décentralisation et de rareté numérique plutôt qu'un simple actif ou monnaie numérique. Bitcoin sert de rappel et d'outil d'auto souveraineté financière et de transparence alors que nous nous dirigeons vers un avenir plus numérique. Cela symbolise un changement dans la façon dont nous voyons, utilisons et interagissons avec l'argent.

L'histoire du Bitcoin et le problème qu'il visait à résoudre

Le monde a connu une grave crise financière à la fin des années 2000. Un grave ralentissement économique provoqué par des faillites bancaires sans précédent, des pratiques de prêt risquées et des produits financiers complexes a ébranlé la confiance dans les institutions financières conventionnelles. En réponse à ces problèmes, Bitcoin a fait surface, essayant de résoudre les problèmes fondamentaux des systèmes financiers conventionnels. Cette section examine les origines du Bitcoin et examine les problèmes particuliers qu'il était censé résoudre.

Les origines du Bitcoin sont un mystère. Un livre blanc intitulé « Bitcoin : A Peer-to-Peer Electronic Cash System » a été publié en 2008 sous le pseudonyme de Satoshi Nakamoto par une personne ou un groupe non identifié. Les fondements théoriques d'une monnaie numérique décentralisée, qui deviendra plus tard Bitcoin, ont été exposés dans ce livre blanc. Le « bloc Genesis » ou « bloc 0 », également connu sous le nom de premier bloc de la blockchain Bitcoin, a été miné par Nakamoto le 3 janvier 2009. Ce fut le début du Bitcoin.

Cet événement était remarquable non seulement parce qu'un nouveau type de monnaie était créé, mais aussi parce qu'il représentait une forme d'opposition au système financier défaillant. Le texte "Le chancelier du Times 3 janvier 2009 est sur le point d'effectuer un deuxième plan de sauvetage des banques" d'un titre du journal The Times a été codé dans le bloc de genèse. Cela indique clairement que Bitcoin est une réaction à la fois à l'environnement économique incertain et aux lacunes perçues des institutions financières conventionnelles.

Le fondement du système financier conventionnel est la confiance. Nous faisons confiance aux banques pour stocker et gérer notre argent, aux processeurs de paiement pour le déplacer et aux gouvernements pour protéger son pouvoir d'achat. Mais la crise financière de 2008 a montré à quel point cette confiance pouvait être mal placée.

Ce problème de confiance est ce qui a conduit à la création du Bitcoin. La technologie blockchain est au centre de la conception du Bitcoin. Un registre public qui assure le suivi de toutes les transactions Bitcoin est appelé blockchain. Utilisant un réseau décentralisé d'ordinateurs (appelés nœuds), ce système fonctionne sans l'aide d'une autorité centrale.

Les nœuds vérifient les transactions via un mécanisme de consensus, sans avoir recours à un tiers fiable. Cette idée, connue sous le nom de transactions « sans confiance », est révolutionnaire car elle élimine le besoin d'intermédiaires et rend possibles les transactions peer-to-peer à l'échelle mondiale.

Les systèmes financiers sont centralisés par nature. Les gouvernements supervisent l'environnement financier, les banques centrales contrôlent la politique monétaire et les banques commerciales gèrent les transactions. Cette concentration permet de gérer les finances des gens. Bitcoin utilise la décentralisation pour tenter de résoudre ce problème.

Bitcoin garantit qu'aucun organisme ne peut contrôler le protocole Bitcoin car il s'agit d'un réseau décentralisé. Il résiste à la censure et donne même à ceux qui sont exclus des systèmes bancaires conventionnels un moyen de participer à l'économie.

L'offre croissante de monnaies traditionnelles peut conduire à l'inflation. La capacité des banques centrales à produire davantage de monnaie pourrait entraîner une dévaluation de la monnaie. En revanche, l'offre fixe de pièces Bitcoin est d'environ 21 millions. Étant donné que cette limite est codée en dur dans le système Bitcoin, elle crée une pénurie et peut éventuellement transformer Bitcoin en une réserve de valeur fiable. Avec cette approche, nous voulons résoudre le problème de la dévaluation de la monnaie que rencontre le système monétaire conventionnel.

La réponse aux problèmes des systèmes bancaires conventionnels a joué un rôle important dans l'histoire du Bitcoin. Des cendres de la crise financière de 2008, Bitcoin est apparu comme un remède révolutionnaire destiné à résoudre les problèmes de confiance, de centralisation et d'inflation dans les institutions financières. Sa capacité à proposer un système de paiement décentralisé, peer-to-peer, où la confiance se construit par la preuve cryptographique plutôt que par les autorités centrales, est ce qui lui confère son potentiel révolutionnaire.

Malgré l'appréciation et les critiques qu'il a reçues au fil des années, les racines du Bitcoin restent étroitement liées à son objectif initial : offrir une alternative au système financier traditionnel et transformer la façon dont nous percevons et utilisons l'argent. Au fur et à mesure que nous progressons, il est essentiel de garder à l'esprit les problèmes que Bitcoin cherche à résoudre, car ils fournissent une clé pour comprendre la proposition de valeur de cette technologie révolutionnaire.

Le créateur pseudonyme : Satoshi Nakamoto

Personne n'est plus mystérieux et conséquent dans le monde des crypto-monnaies que Satoshi Nakamoto. On attribue à cette personne ou à ce groupe non identifié la création du Bitcoin, la première crypto-monnaie décentralisée au monde, qui a profondément changé le visage de l'argent et de la technologie. Malgré l'influence et l'acceptation considérables du Bitcoin, l'identité de son créateur reste un mystère, suscitant de nombreuses spéculations et curiosités. L'histoire de Satoshi Nakamoto, ses réalisations importantes et les mystères persistants concernant son identité sont tous abordés dans cette section.

La publication d'un livre blanc intitulé « Bitcoin : A Peer-to-Peer Electronic Cash System » en 2008 marque le début de l'histoire de Satoshi Nakamoto. Les fondements théoriques du Bitcoin, une forme révolutionnaire de monnaie numérique, ont été exposés dans ce document de neuf pages. Nakamoto a créé Bitcoin en exploitant le bloc initial de la blockchain le 3 janvier 2009, quelques mois plus tard.

Pendant environ deux ans, Nakamoto a continué à contribuer activement au développement de Bitcoin, correspondant avec d'autres programmeurs et collaborateurs par le biais d'e-mails et de messages sur les forums. À cette époque, les écrits de Nakamoto montraient une personne fortement attachée au concept d'un système monétaire décentralisé, libre de censure et de contrôle gouvernemental.

Au-delà de la simple conceptualisation du Bitcoin, Nakamoto a apporté des contributions significatives. Ils ont contribué au développement du code source du logiciel Bitcoin et ont continué à l'améliorer et à le mettre à jour jusqu'à leur dernière communication enregistrée en 2010. Nakamoto est crédité de l'invention de l'algorithme de preuve de travail et du système de consensus décentralisé, entre autres. idées et innovations.

La blockchain, qui constitue l'aspect le plus innovant du Bitcoin, a été créée par Nakamoto. Toutes les transactions Bitcoin sont enregistrées dans ce registre public décentralisé, qui permet des transactions peer-to-peer sans confiance et représente une avancée majeure en matière de confiance et de sécurité numériques.

L'auteur du pseudonyme « Satoshi Nakamoto » est introuvable et il n'y a aucune indication quant à son identité, sa nationalité ou son emplacement. En raison de cet anonymat et de l'influence du Bitcoin, de nombreuses spéculations et recherches ont été effectuées pour identifier la personne ou l'organisation qui se cache derrière le pseudonyme. Plusieurs individus ont été présentés comme étant le véritable Satoshi, et certains ont même prétendu être lui. L'identité de Nakamoto reste un mystère car aucune de ces affirmations ou accusations n'a été prouvée au-delà de tout doute raisonnable.

La dernière communication connue de Nakamoto date de décembre 2010, dans laquelle ils déclarent qu'ils étaient "passés à autre chose" et que Bitcoin était "entre de bonnes mains" à l'avenir. Après cela, Nakamoto a complètement disparu de la vue du public, confiant le contrôle de Bitcoin à la communauté croissante de développeurs et de passionnés.

L'impact de Nakamoto sur Bitcoin et sur l'industrie plus large des crypto-monnaies se poursuit malgré leur disparition. Leur objectif de créer un système de paiement électronique décentralisé et peer-to-peer a non seulement été réalisé, mais il a également généré une vague de créativité qui a donné naissance à des milliers de crypto-monnaies alternatives et d'applications innovantes basées sur la blockchain.

Le développeur de Bitcoin sous le pseudonyme de Satoshi Nakamoto est un individu mystérieux et intrigant. Malgré leur secret, leur idée révolutionnaire a eu un impact durable sur la technologie et l'argent. Une nouvelle ère d'innovation et de perturbations technologiques a été introduite par l'idée de Nakamoto d'un système financier décentralisé. Même si leur identité reste encore un mystère, leur influence est indéniable et n'a cessé de résonner au sein de la communauté en ligne. Le Bitcoin de Nakamoto a révolutionné notre façon de penser et d'interagir avec la finance en posant des questions difficiles sur la nature de l'argent, de la confiance et de la décentralisation.

Le livre blanc Bitcoin : un bref résumé

Un document de neuf pages intitulé « Bitcoin : un système de paiement électronique peer-to-peer », rédigé par le mystérieux auteur Satoshi Nakamoto, est l'endroit où se trouve l'invention du Bitcoin, un actif numérique révolutionnaire. Ce rapport novateur, publié en 2008, présente les fondements conceptuels du Bitcoin et suggère une refonte significative des institutions financières traditionnelles. Cette section fournit une analyse approfondie du livre blanc Bitcoin, mettant l'accent sur ses recommandations et avancées importantes dans les domaines des crypto-monnaies et de la technologie blockchain.

La dépendance à l'égard des institutions financières pour traiter les paiements électroniques constitue le problème fondamental du commerce sur Internet, abordé dans la première section du livre blanc de Nakamoto. Pour éviter les dépenses en double, qui se produisent lorsqu'un utilisateur dépense deux fois le même montant, les systèmes de monnaie électronique traditionnels ont besoin de l'aide d'un tiers fiable. Sans tiers de confiance, Nakamoto a suggéré Bitcoin comme solution au problème des doubles dépenses.

Selon Nakamoto, type d'argent électronique peer-to-peer, le bitcoin permet aux paiements sur Internet d'être transmis directement d'une partie à une autre sans passer par une institution financière.

Nakamoto considérait la confiance comme le principal problème des transactions financières conventionnelles. Étant donné que des copies de jetons numériques peuvent être créées et utilisées dans de nombreuses transactions, il existe un risque de double dépense dans les transactions numériques.

En réponse, Nakamoto a proposé une approche de réseau peer-to-peer pour résoudre le problème des doubles dépenses. Les transactions sont horodatées par le réseau et hachées dans une chaîne continue de preuves de travail basées sur le hachage pour créer un enregistrement qui ne peut pas être modifié sans répéter la preuve de travail. La technologie blockchain qui prend en charge Bitcoin est construite sur cette base.

Le livre blanc Bitcoin consacre beaucoup de temps à décrire le processus de minage. La vérification et l'ajout d'enregistrements de transactions à la blockchain, le grand livre ouvert de Bitcoin, sont connus sous le nom de minage. Plusieurs nœuds s'affrontent pour résoudre des énigmes mathématiques difficiles dans une approche décentralisée.

Les Bitcoins sont donnés aux mineurs en paiement de leur travail de validation des transactions. L'incitation a deux fonctions : elle encourage les nœuds à maintenir leur intégrité et elle ajoute des bitcoins supplémentaires au système, créant une sorte de « ruée vers l'or ».

Les principes de sécurité et de confidentialité du réseau Bitcoin sont également couverts par Nakamoto. L'identité des personnes impliquées dans les transactions est gardée secrète, malgré le fait que le flux des transactions soit public et transparent sur la blockchain. Ceci est accompli en utilisant des méthodes cryptographiques qui garantissent l'anonymat.

Bien qu'il ne fasse que quelques pages, le livre blanc Bitcoin propose une idée révolutionnaire qui va à l'encontre des fondements mêmes des institutions financières conventionnelles. En plus de donner naissance au Bitcoin, la conception de Nakamoto pour un système de paiement électronique décentralisé et peer-to-peer a également donné naissance à la blockchain, un tout nouveau domaine technologique.

La décentralisation, la preuve cryptographique et la rareté numérique sont des idées clés qui ont été formulées pour la première fois dans le livre blanc et qui guident désormais de nombreuses initiatives de blockchain et de crypto-monnaie. La philosophie sous-jacente du Bitcoin, telle que décrite dans le livre blanc, continue de motiver et d'inspirer l'innovation dans le domaine de la finance numérique, même si le cheminement vers sa création n'a pas été sans défis.

CHAPITRE II

Comprendre les bases de la crypto-monnaie

Qu'est-ce qu'une cryptomonnaie ?

Tout au long de son histoire, le monde de la finance a connu un certain nombre d'événements transformationnels importants, mais aucun n'est peut-être aussi révolutionnaire que l'introduction des crypto-monnaies. Après l'invention du Bitcoin, la première monnaie numérique à fonctionner de manière décentralisée, le mot « crypto-monnaie » a été largement reconnu. Il existe aujourd'hui des milliers de monnaies numériques disponibles sur le marché, chacune avec ses propres fonctionnalités et utilisations. Cette section examine le concept des crypto-monnaies, la technologie qui les sous-tend et ses implications pour les systèmes financiers et d'autres domaines.

Une monnaie numérique ou virtuelle appelée crypto-monnaie utilise la cryptographie pour assurer sa sécurité. Il utilise la technologie blockchain, qui est une plateforme décentralisée permettant d'enregistrer toutes les transactions sur un réseau d'ordinateurs. Étant donné que les crypto-monnaies ne sont pas émises par une seule entité, elles sont théoriquement protégées de toute ingérence ou manipulation de la part des gouvernements.

L'état actuel des crypto-monnaies est le résultat de l'intégration de divers domaines académiques, notamment l'informatique, le chiffrement et l'économie. Ces facteurs ont été réunis dans le développement du Bitcoin, la première crypto monnaie largement utilisée, pour apporter une solution particulière au problème de la confiance numérique.

La blockchain est une technologie qui sous-tend le Bitcoin et la majorité des autres crypto-monnaies. Il fonctionne essentiellement comme un grand livre distribué de toutes les transactions accessibles à tous sur le réseau. Le réseau n'est pas sous le contrôle d'un seul organisme en raison de sa décentralisation, qui est cruciale.

En règle générale, les crypto-monnaies sont produites via un processus appelé minage, dans lequel des ordinateurs puissants effectuent des calculs complexes pour vérifier les transactions réseau. Les mineurs sont payés pour leur travail avec des pièces fraîches, ce qui les motive à continuer à travailler. Cette procédure ajoute de nouvelles devises à l'écosystème Bitcoin tout en contribuant également à la sécurité du réseau.

Les cryptomonnaies sont fondamentalement destinées à servir de forme d'échange, au même titre que les monnaies conventionnelles. Ils peuvent être utilisés pour effectuer des achats de biens et de services en ligne, et de plus en plus d'entreprises acceptent les paiements en bitcoins.

De plus, certaines crypto-monnaies, comme le Bitcoin, sont souvent considérées comme une réserve de valeur, tout comme l'or. Cette impression est le résultat de leur rareté inhérente ; le système a une limite stricte de 21 millions de bitcoins.

L'émergence des crypto-monnaies a eu des implications importantes. D'un autre côté, ils présentent des possibilités intéressantes, telles que la possibilité d'inclusion financière pour les populations non bancarisées, des frais de transaction réduits par rapport aux systèmes de paiement en ligne classiques et le développement d'applications décentralisées, pour n'en citer que quelques-unes.

Cependant, les crypto-monnaies présentent également certaines difficultés. Leur anonymat pourrait faciliter des actions illégales comme l'évasion fiscale ou le blanchiment d'argent. De plus, la valeur des crypto-monnaies peut fluctuer considérablement, exposant les investisseurs au risque de perdre de l'argent.

Dans le domaine de la finance, les crypto-monnaies représentent un changement de paradigme. Ils reprennent les systèmes financiers établis et proposent une forme alternative de monnaie en créant un système de paiement électronique décentralisé et peer-to-peer. Ils ont un grand potentiel pour changer notre façon de penser l'argent, rendre l'inclusion financière possible et promouvoir le progrès technologique.

Cependant, leur adoption et leur succès ultime dépendent de l'efficacité avec laquelle ils pourront naviguer dans l'environnement juridique, les barrières technologiques et l'acceptation du public. L'évolution et les implications des crypto-monnaies nécessitent une attention particulière à mesure que l'ère numérique progresse. Ils représentent le pouvoir de l'invention et pourraient être le signe d'un avenir avec une finance décentralisée ; ils sont bien plus que de la simple monnaie numérique.

La technologie blockchain : une introduction

L'idée qui soutient le fonctionnement des crypto-monnaies comme le Bitcoin est connue sous le nom de technologie blockchain, qui est souvent considérée comme l'une des innovations technologiques les plus importantes du 21e siècle. Cependant, son potentiel va bien au-delà des seules monnaies numériques et il a la capacité de révolutionner de nombreux secteurs différents. Cette section vise à fournir une introduction à la technologie blockchain en examinant son fonctionnement interne, ses utilisations potentielles et ses implications pour l'avenir numérique.

Une blockchain est fondamentalement un registre distribué de transactions qui est dupliqué et conservé sur un réseau d'ordinateurs appelés nœuds. Chaque fois qu'une nouvelle transaction a lieu sur la blockchain, un enregistrement de cette transaction est enregistré dans le grand livre de chaque participant. Chaque bloc comprend un certain nombre de transactions.

Aucune entité n'a de pouvoir sur l'ensemble de la chaîne en raison de la structure décentralisée du réseau. Le mot « blockchain » fait référence à la chaîne de blocs formée par chaque bloc de la chaîne, qui comprend également un hachage cryptographique de celui qui le précède. Le grand livre est inviolable et offre un enregistrement fiable des transactions grâce à cette liaison cryptographique.

La nature décentralisée de la technologie blockchain est l'une de ses principales caractéristiques. Un réseau blockchain est réparti entre plusieurs nœuds, contrairement aux bases de données traditionnelles, qui sont normalement gérées par une seule institution. Cela garantit qu'aucun nœud ne peut modifier les données enregistrées sur la blockchain.

La transparence est une autre caractéristique clé de la blockchain par rapport aux méthodes conventionnelles. Chaque transaction sur le réseau est accessible à tous les utilisateurs, ce qui crée un système transparent où n'importe quel nœud peut confirmer la légitimité d'une transaction.

La cryptographie avancée est utilisée par la technologie blockchain pour garantir la sécurité et l'intégrité des données. Chaque bloc comprend des informations sur la transaction, un horodatage et un hachage cryptographique de celui qui le précède. En raison des connexions cryptographiques des blocs, il est impossible de modifier les données de transaction contenues dans un bloc sans modifier également tous les blocs futurs.

Le potentiel de la technologie blockchain va au-delà de la simple préservation des informations transactionnelles. Les « contrats intelligents » et les applications décentralisées (DApps) sont désormais envisageables grâce au développement des blockchains programmables.

Les contrats intelligents sont des accords qui exécutent automatiquement leurs obligations car ils sont codés dans le code. Ils éliminent les intermédiaires en effectuant automatiquement les transactions lorsque certaines conditions sont remplies.

Les applications décentralisées, ou DApps, sont indépendantes de toute autorité unique et fonctionnent sur un réseau blockchain dans un environnement public, open source et décentralisé.

Les transactions numériques sont désormais plus décentralisées, transparentes et sécurisées grâce au développement de la technologie blockchain. La blockchain représente une amélioration significative dans la façon dont nous traitons et enregistrons les transactions avec ses applications potentielles dans des secteurs tels que la finance, la gestion de la chaîne d'approvisionnement, la santé, etc.

Cependant, la technologie blockchain en est encore à ses balbutiements et est confrontée à des difficultés telles que des problèmes d'évolutivité, des incertitudes réglementaires et des restrictions d'adoption. Et ce, malgré le fait qu'il possède un énorme potentiel. L'influence finale de la blockchain sur la société et le monde numérique est encore inconnue, mais il est indéniable qu'elle possède un énorme potentiel de transformation.

Comprendre la cryptographie dans les crypto-monnaies

De nombreuses évolutions technologiques, dans lesquelles la cryptographie joue un rôle majeur, ont permis aux cryptomonnaies d'émerger comme une nouvelle classe d'actifs numériques. Le fondement de la crypto monnaie est la cryptographie, qui garantit la sécurité des transactions et contrôle la génération de nouvelles unités. La cryptographie est la pratique et l'étude des communications sécurisées en présence d'adversaires. Cette section explore le monde complexe de la cryptographie dans les crypto-monnaies, ainsi que son utilisation et ses effets.

La cryptographie a deux fonctions importantes dans le contexte des crypto-monnaies comme Bitcoin : elle contrôle la génération de nouvelles pièces et garantit la sécurité des transactions entre les parties. En bref, le cryptage des crypto-monnaies permet aux utilisateurs de stocker de l'argent en toute sécurité et d'effectuer des paiements sans utiliser leur nom ni passer par une banque.

Un mécanisme connu sous le nom de cryptographie à clé publique est l'un des principaux moyens utilisés pour chiffrer les crypto-monnaies. Chaque utilisateur de ce système dispose de deux clés : une clé publique qui est rendue publique et sert d'adresse pour recevoir la crypto-monnaie, et une clé privée qui reste privée et est utilisée pour approuver les transactions.

L'expéditeur signe une transaction en utilisant à la fois sa clé privée et la clé publique du destinataire lorsqu'une transaction est démarrée. À l'aide de la clé publique de l'expéditeur, le réseau authentifie la transaction pour s'assurer qu'elle provient bien de lui. Cette procédure garantit la légitimité et l'intégrité des transactions, les protégeant contre la fraude.

L'utilisation de fonctions de hachage cryptographique dans les cryptomonnaies, notamment dans le développement de la blockchain, est une autre utilisation cruciale de la cryptographie. Une fonction de hachage accepte une entrée et génère une chaîne d'octets de taille fixe, généralement un code de hachage. Chaque entrée unique génère un hachage différent en sortie.

Une chaîne de blocs est formée dans la blockchain car chaque bloc possède un hachage de celui qui le précède. Étant donné que la modification de toute information dans un bloc modifiera son hachage et influencera tous les blocs suivants de la chaîne, cela rend la blockchain inviolable.

Les concepts cryptographiques jouent un rôle important dans le processus d'extraction de crypto-monnaies, en particulier les systèmes de preuve de travail comme Bitcoin. Des énigmes cryptographiques complexes doivent être résolues par les mineurs, ce qui nécessite beaucoup de puissance de traitement. Le premier mineur à résoudre le problème a la possibilité d'ajouter un nouveau bloc à la blockchain et de recevoir une récompense en crypto-monnaie.

Le fondement sur lequel repose l'idée de crypto-monnaie est la cryptographie. Il sécurise les identités des utilisateurs, offre sécurité, intégrité et authentification pour les transactions et contrôle l'émission de nouvelles devises.

Malgré la fiabilité des méthodes cryptographiques, il est important de garder à l'esprit qu'elles n'éliminent pas complètement les risques liés aux transactions Bitcoin. La sécurité des cryptomonnaies est tout aussi forte que les mesures de sécurité prises par leurs utilisateurs. Les clés privées doivent être protégées avec soin et les participants aux transactions doivent faire preuve de prudence.

L'importance de la cryptographie pour maintenir la sécurité et la confiance dans le monde virtuel devrait croître à mesure que l'ère numérique avance. Les crypto-monnaies constituent un exemple convaincant de la manière dont ces approches mathématiques complexes peuvent être appliquées pour construire un système dans lequel la confiance est établie par les mathématiques et le code plutôt que par des intermédiaires.

CHAPITRE III

Creuser plus profondément:
le réseau Bitcoin

Comment fonctionne le Bitcoin ?

Une monnaie numérique décentralisée peer-to-peer a été mise en œuvre avec succès pour la première fois avec Bitcoin, qui représente désormais toutes les crypto-monnaies. Depuis sa création en 2008 par une personne ou un groupe de personnes utilisant le pseudonyme de Satoshi Nakamoto, il a complètement changé la façon dont le monde perçoit l'argent et les activités financières. Le fonctionnement de Bitcoin sera examiné en détail dans cette section, y compris sa technologie sous-jacente, son flux transactionnel et son idée de minage.

La blockchain est une technologie révolutionnaire qui alimente le Bitcoin. La blockchain est un registre décentralisé et ouvert qui assure le suivi de toutes les transactions Bitcoin. Un réseau de « nœuds », ou d'ordinateurs, qui vérifient et enregistrent les transactions, le maintien.

Chaque « bloc » de la chaîne représente une collection de données de transaction, et le grand livre de chaque participant est mis à jour chaque fois qu'une nouvelle transaction est effectuée. Le mot « blockchain » fait référence à la chaîne de blocs qui sont reliés par un hachage cryptographique de celui qui le précède.

Chaque utilisateur de Bitcoin a besoin de deux clés cryptographiques pour effectuer des transactions : une clé publique, qui agit comme une adresse publiquement visible et à laquelle d'autres peuvent transférer Bitcoin, et une clé privée, qui est utilisée pour approuver les transactions et accéder à l'adresse de l'utilisateur. Bitcoin.

Lorsqu'une transaction Bitcoin est démarrée, l'expéditeur signe un message avec l'entrée (la ou les transactions source des pièces), le montant et la sortie (l'adresse du destinataire). Ils le font en utilisant leur clé privée. Le réseau Bitcoin diffuse ensuite cette transaction, et les mineurs la vérifient avant de l'ajouter à la blockchain.

Le processus de création de nouveaux Bitcoins et d'ajout de transactions à la blockchain est connu sous le nom de minage de Bitcoin. Les mineurs utilisent des ordinateurs puissants pour résoudre des énigmes mathématiques difficiles qui vérifient chaque transaction. La « récompense de bloc » est la quantité de Bitcoins fraîchement créés décernée au premier mineur qui résout l'énigme en échange de l'ajout d'un nouveau bloc à la blockchain.

Afin de garantir qu'un nouveau bloc soit introduit dans la blockchain toutes les 10 minutes environ, la difficulté de ces problèmes est ajustée toutes les deux semaines. En raison de l'exigence qu'une majorité des mineurs du réseau s'accordent sur l'authenticité des transactions, cette approche garantit également la décentralisation du Bitcoin.

La rareté inhérente du Bitcoin est l'une de ses caractéristiques les plus distinctives. Le nombre de Bitcoins qui seront créés est limité par son(ses) créateur(s) à 21 millions. Lors d'un événement connu sous le nom de «réduction de moitié», la récompense globale, qui permet d'ajouter de nouveaux Bitcoins au système, est réduite de moitié tous les quatre ans environ.

L'un des éléments qui contribuent à la valeur du Bitcoin est sa rareté inhérente, comparable à celle des métaux précieux comme l'or. L'offre de Bitcoin est contrôlée par un algorithme, ce qui la rend immunisée contre l'inflation, contrairement aux monnaies fiduciaires traditionnelles, qui peuvent être librement imprimées par les banques centrales.

Une nouvelle forme de monnaie a été envisagée grâce à la combinaison révolutionnaire de Bitcoin entre la technologie blockchain, la sécurité cryptographique et un réseau décentralisé. Son fonctionnement, qui s'appuie sur un réseau mondial de mineurs, garantit sa sécurité, sa fiabilité et sa résistance à la censure.

Mais il existe des obstacles sur le chemin du Bitcoin, tels que des problèmes d'évolutivité, des problèmes de consommation d'énergie et un contrôle réglementaire. Un système financier dans lequel la confiance est générée non pas par des intermédiaires centralisés mais plutôt par une technologie en réseau, transparente et vérifiable, voilà ce que Bitcoin détient à mesure qu'il continue de se développer et de croître.

Explication des termes : Bitcoin, Bitcoin (différence de capitalisation)

Bitcoin et litecoin sont deux termes qui prêtent parfois à confusion dans le domaine des crypto-monnaies. Ces termes, bien qu'ils portent des noms identiques, ont des implications et des significations différentes au sein de l'écosystème Bitcoin. En mettant l'accent sur leurs définitions, leurs rôles et leur pertinence, chaque terme sera expliqué en détail dans cette section. Les gens peuvent naviguer dans le monde des crypto-monnaies avec clarté et précision en comprenant les différences entre Bitcoin et Bitcoin.

La crypto-monnaie originale et la plus connue s'appelle Bitcoin, avec un « B » majuscule. Il a été introduit en 2009 par une personne ou un groupe opérant sous le pseudonyme de Satoshi Nakamoto. Bitcoin repose sur la technologie Proof-of-Work (PoW) et fonctionne sur la blockchain, un réseau peer-to-peer décentralisé.

Sans recours à des intermédiaires, les transactions peer-to-peer sont possibles grâce à la monnaie numérique connue sous le nom de Bitcoin. Il a une portée mondiale et permet aux utilisateurs d'envoyer et de recevoir de l'argent de manière anonyme et sécurisée. La transparence et l'immuabilité sont assurées par la blockchain utilisée par Bitcoin.

Bitcoin fonctionne comme une monnaie numérique décentralisée qui existe uniquement en ligne. Il contrôle la génération de nouvelles unités et sécurise les transactions grâce à des concepts cryptographiques. En raison de sa nature décentralisée, le réseau Bitcoin n'est pas régi par une seule organisation ou autorité. Grâce aux portefeuilles numériques, les utilisateurs peuvent stocker, transmettre et recevoir des bitcoins.

Le Bitcoin a considérablement modifié plusieurs facettes du paysage financier. Il a mis à l'épreuve les structures financières traditionnelles, offert une alternative à la monnaie fiduciaire et favorisé une nouvelle ère de finance décentralisée. La volatilité des prix du Bitcoin et son acceptation par les investisseurs institutionnels ont suscité beaucoup d'intérêt et de financement. De nombreuses crypto-monnaies alternatives et applications basées sur la blockchain ont été développées grâce à l'innovation et au potentiel du Bitcoin.

La plus petite unité de la crypto-monnaie Bitcoin est appelée Bitcoin, avec un « b » minuscule. Au sein de l'écosystème Bitcoin, il sert d'unité de compte et représente une partie d'un Bitcoin.

L'unité de compte utilisée pour mesurer et effectuer des transactions avec Bitcoin est le Bitcoin. Le Bitcoin est divisé en satoshis, un bitcoin étant égal à 100 millions de satoshis, un peu comme la façon dont le dollar est divisé en centimes. En raison de la précision des calculs et des transactions rendues possibles par l'utilisation du bitcoin comme unité de compte, diverses quantités peuvent être traitées avec flexibilité.

Au-delà du Bitcoin lui-même, le Bitcoin sert d'unité de compte. Il est devenu largement utilisé comme point de référence pour la tarification et le trading d'autres crypto-monnaies. Les crypto-monnaies alternatives sont fréquemment évoquées en termes de prix ou de valeur du bitcoin. Sur le marché des cryptomonnaies, cette pratique simplifie la comparaison et l'évaluation.

Comprendre les différences entre Bitcoin et Litecoin est essentiel pour comprendre leurs différents objectifs et utilisations. Avec un « B » majuscule, le terme « Bitcoin » désigne l'ensemble de l'écosystème des crypto-monnaies, y compris la technologie, le réseau et la monnaie numérique elle-même. L'unité de compte la plus basse au sein de ce système est en revanche désignée par le mot minuscule « bitcoin ». Au sein de la communauté des cryptomonnaies, une communication précise est assurée et les malentendus sont évités en utilisant précisément le bon terme.

Une norme linguistique importante qui explique la signification et le contexte des mots est la différence de capitalisation entre Bitcoin et Bitcoin.

Il est courant de mettre « Bitcoin » en majuscule lorsqu'on fait référence à la crypto-monnaie dans son ensemble. Ce style de capitalisation met en évidence sa position de crypto-monnaie originale qui a popularisé l'idée de monnaie numérique décentralisée. Il dénote les effets plus larges de la technologie et la manière dont ils affectent le secteur financier.

En revanche, « bitcoin » en minuscule désigne uniquement l'unité de compte utilisée dans le réseau Bitcoin. Il est utilisé pour représenter des fractions de monnaie virtuelle, permettant des évaluations et des transactions précises. Lorsqu'on discute de divers aspects de l'écosystème des crypto-monnaies, le respect de la convention de capitalisation garantit la clarté et évite les malentendus.

Une communication efficace au sein de la communauté des crypto-monnaies dépend du maintien d'une cohérence dans l'utilisation des majuscules. Une évaluation précise, des discussions transactionnelles et analytiques sont garanties par une utilisation précise du Bitcoin et du Bitcoin. Le respect de ces normes améliore la clarté et élimine l'incertitude dans les conversations sur les crypto-monnaies.

Bien qu'ils portent des noms identiques, Bitcoin et Litecoin ont tous deux des significations et des rôles uniques au sein de l'écosystème des crypto-monnaies. Le système de crypto-monnaie décentralisé et révolutionnaire, connu simplement sous le nom de « Bitcoin », avec un « B » majuscule, a changé le secteur financier. Il fonctionne comme une forme de monnaie virtuelle et comme une représentation du mouvement plus large des crypto-monnaies. L'unité de compte la plus basse du système Bitcoin, le bitcoin, désignée par un « b » minuscule, est utilisée pour permettre des transactions et des évaluations précises. Pour naviguer correctement dans l'écosystème des cryptomonnaies et participer à des discussions significatives concernant la technologie, les implications financières et les développements futurs, il est essentiel de comprendre les différences entre ces termes. Les gens peuvent parler avec précision et confiance dans le domaine fascinant des crypto-monnaies en clarifiant les définitions et les règles de capitalisation.

Vérification des transactions et ajout de blocs à la blockchain

L'émergence de la technologie blockchain a fondamentalement changé la façon dont nous traitons et stockons les données. Deux opérations fondamentales – la vérification des transactions et l'ajout de blocs blockchain – sont au cœur de ce système. Ces procédures garantissent la sécurité, la transparence et la fiabilité du réseau décentralisé. Cette section explore en détail la pertinence, les processus et les implications de la vérification des transactions et de l'ajout de blocs. Les gens peuvent comprendre le fonctionnement essentiel de la technologie blockchain et son potentiel à transformer les industries en comprenant ces procédures de base.

La blockchain est un registre distribué et décentralisé qui assure le suivi des transactions entre un certain nombre de nœuds ou groupes d'ordinateurs. Le consensus, la transparence et l'immuabilité font partie de ses principes fondamentaux. La blockchain est créée en regroupant chaque transaction dans un bloc et en ajoutant ce bloc à une chaîne de blocs.

En générant un registre numérique immuable, la technologie blockchain permet d'enregistrer les transactions de manière sécurisée et transparente. Parce qu'il est décentralisé, il n'y a plus besoin d'intermédiaires, ce qui augmente l'efficacité des transactions et réduit les coûts. L'accessibilité publique de la blockchain, qui permet à quiconque de vérifier et d'auditer les transactions, favorise la transparence. Une fois qu'une transaction est ajoutée à la blockchain, l'immuabilité garantit qu'elle ne peut pas être modifiée ou supprimée sans l'accord des utilisateurs du réseau.

Les mécanismes fondés sur le consensus sont essentiels pour préserver la fiabilité et la sécurité du réseau blockchain. Ces techniques sont chargées d'amener les nœuds du réseau à un consensus sur la légitimité des transactions. La preuve de travail (PoW) et la preuve de participation (PoS) sont deux mécanismes de consensus populaires. Le PoS repose sur la possession d'une participation spécifique dans le réseau pour valider les transactions, tandis que le PoW exige que les utilisateurs, appelés mineurs, résolvent des énigmes mathématiques difficiles.

Avant qu'une transaction ne soit ajoutée à la blockchain, elle doit d'abord subir une vérification de transaction, ce qui est une procédure cruciale. La vérification permet de garantir que seules les transactions honnêtes sont notées, empêchant ainsi les activités malhonnêtes ou malveillantes.

L'intégrité de la blockchain doit être maintenue à tout moment grâce à la vérification des transactions. Le réseau garantit que seules les transactions authentiques sont enregistrées en les vérifiant, empêchant ainsi l'inclusion de transactions erronées ou malveillantes. Cette procédure garantit l'exactitude des informations enregistrées et favorise la confiance entre les utilisateurs du réseau.

Les transactions blockchain sont signées à l'aide de signatures numériques individuelles créées par des algorithmes cryptographiques. Ces signatures confirment l'identité de l'expéditeur, garantissant que la transaction provient de sa source légitime et restant infalsifiable lors de la transmission. Les signatures numériques offrent également un moyen de vérifier l'intégrité de la transaction en s'assurant qu'elle n'a pas été modifiée.

Chaque transaction est vérifiée par des nœuds au sein du réseau blockchain en examinant les signatures numériques, en confirmant qu'il y a suffisamment de fonds disponibles et en garantissant que les règles et procédures définies sont respectées. Le maintien de la sécurité et de l'intégrité de la blockchain dépend de cette procédure de validation.

Le consensus entre les nœuds du réseau est nécessaire pour qu'une transaction soit considérée comme légitime. Les mécanismes de consensus comme PoW ou PoS garantissent que les nœuds s'accordent sur la légitimité de la transaction. Un seul nœud ne peut pas modifier la blockchain ni ajouter de fausses transactions en raison des mécanismes de consensus. Le réseau garantit que les transactions sont validées et autorisées par une majorité des participants en parvenant à un consensus.

Les transactions vérifiées sont compilées en blocs puis ajoutées à la blockchain via le processus d'ajout de blocs. L'ordre chronologique des transactions et l'intégrité générale de la blockchain sont préservés grâce à des blocs, qui fonctionnent comme des conteneurs de stockage pour les transactions.

Une procédure fondamentale qui garantit la continuité et la sécurité de la blockchain est l'ajout de blocs. Les blocs constitués de transactions vérifiées sont assemblés puis téléchargés sur la blockchain. Les transactions sont stockées dans des blocs, qui fournissent une chronologie de toutes les transactions validées.

Les transactions valides du réseau sont rassemblées et organisées en blocs. Le protocole blockchain particulier détermine la taille du bloc et le nombre de transactions qu'il peut prendre en charge. Les transactions sont choisies en fonction de divers critères, notamment la priorité, les frais de transaction et l'ordre chronologique.

Dans les blockchains basées sur PoW, les mineurs s'affrontent pour trouver une occasion qui répond à un ensemble d'exigences en résolvant des énigmes mathématiques difficiles. Cette procédure utilise une quantité importante de ressources informatiques et sert de défense contre les activités malveillantes. En examinant les signatures numériques des transactions, en confirmant qu'il y a suffisamment de fonds disponibles et en confirmant que les règles du réseau ont été respectées, les mineurs valident les transactions contenues dans le bloc.

Une chaîne continue de blocs est créée une fois que le bloc a été vérifié et ajouté à la blockchain actuelle. Le bloc récemment ajouté est connecté au bloc précédent à l'aide de hachages cryptographiques, garantissant ainsi l'immuabilité et la transparence de la blockchain. L'état du grand livre doit être mis à jour pour refléter les nouvelles transactions dans le cadre de l'entrée du bloc dans la blockchain.

Les méthodes de vérification des transactions et d'ajout de blocs offrent un certain nombre d'avantages qui améliorent la sécurité, la transparence et la fiabilité de la blockchain.

Seules les transactions authentiques et légitimes sont ajoutées à la blockchain à la suite de la vérification des transactions. Les mécanismes de consensus du réseau blockchain, tels que PoW ou PoS, garantissent que la majorité des utilisateurs conviennent que les transactions sont authentiques. La nature décentralisée et consensuelle du réseau rend très impossible aux acteurs malveillants de modifier ou de falsifier les transactions enregistrées une fois qu'un bloc est ajouté à la blockchain, préservant ainsi la sécurité et l'immuabilité de la blockchain.

En raison de son ouverture et de son accessibilité, la technologie blockchain offre transparence et auditabilité. Tout utilisateur du réseau a accès aux données de la blockchain et peut vérifier la légitimité et la véracité des transactions enregistrées. La capacité des personnes et des organisations à auditer et à vérifier de manière indépendante les informations transactionnelles augmente la confiance et la responsabilité au sein des secteurs qui utilisent la technologie blockchain.

La structure décentralisée de la technologie Blockchain élimine le besoin d'intermédiaires et d'autorités centralisées dans les transactions. Les méthodes d'ajout de blocs et de vérification basées sur le consensus garantissent que plusieurs nœuds du réseau s'accordent sur la légitimité des transactions, améliorant ainsi la confiance et réduisant la dépendance à l'égard d'une seule autorité. La décentralisation augmente la productivité, réduit les dépenses et augmente la résistance aux attaques et aux défaillances systémiques.

L'intégrité et la fiabilité globales de la blockchain sont renforcées par les processus d'ajout de blocs et de vérification des transactions. Un haut niveau d'intégrité des données est assuré par les techniques cryptographiques utilisées dans les signatures numériques et les mécanismes de consensus, garantissant l'exactitude et l'immuabilité des transactions enregistrées. L'immuabilité de la blockchain garantit en outre l'exactitude et la durabilité des données enregistrées.

Bien que les procédures de vérification des transactions et d'ajout de blocs présentent de nombreux avantages, elles présentent également certains inconvénients et doivent être améliorées.

L'évolutivité devient un problème majeur à mesure que la technologie blockchain continue de gagner en popularité et en adoption. Les processus de vérification et d'ajout de blocs nécessitent des ressources informatiques, ce qui peut potentiellement limiter la vitesse à laquelle les réseaux blockchain peuvent fonctionner ainsi que leur capacité. Pour surmonter ces difficultés et permettre un meilleur débit ainsi qu'un traitement des transactions plus rapide, les chercheurs et les développeurs étudient des options de mise à l'échelle alternatives, notamment le partitionnement et les protocoles de couche deux.

Les inquiétudes concernant l'impact environnemental de la technologie blockchain sont soulevées par le fait que les mécanismes de consensus, en particulier le PoW, peuvent être gourmands en énergie. Des mécanismes de consensus alternatifs, comme le PoS ou la preuve de participation déléguée (DPoS), sont en cours de développement dans le but de préserver la sécurité et l'intégrité de la blockchain tout en consommant moins d'énergie.

Pour que la technologie blockchain soit largement utilisée, il est essentiel d'établir des normes à l'échelle du secteur et de parvenir à l'interopérabilité entre les différents réseaux blockchain. Des initiatives sont en cours pour créer des cadres et des protocoles permettant une communication et une coopération fluides entre les différents systèmes de blockchain. L'interopérabilité permettra de transférer des actifs et des données entre d'autres blockchains, augmentant ainsi l'utilité et la valeur globales de la technologie.

Bien que la technologie blockchain promeuve la transparence, elle doit être équilibrée avec les besoins de confidentialité. Un certain nombre de méthodes sont à l'étude pour accroître la confidentialité sur la blockchain sans compromettre la sécurité et l'intégrité, notamment les preuves sans connaissance et les transactions privées.

La technologie Blockchain s'appuie fortement sur les procédures de vérification des transactions et d'ajout de blocs pour garantir la sécurité, la transparence et la fiabilité des transactions enregistrées sur la blockchain. Les transactions sont validées par vérification, confirmant leur légitimité et leur respect à des critères prédéterminés. L'ajout de blocs génère un enregistrement immuable des transactions, ce qui donne lieu à une chaîne de transactions qui constitue la base de la blockchain. Ces procédures perturbent les systèmes conventionnels et favorisent l'innovation en permettant la confiance, la décentralisation et la transparence dans une variété d'industries. Pour que la technologie blockchain atteigne son plein potentiel et soit largement utilisée à l'avenir, il sera essentiel de résoudre les problèmes d'évolutivité, de consommation d'énergie, d'interopérabilité et de confidentialité. L'avenir des transactions numériques est encore façonné par la vérification des transactions et l'ajout de blocs, favorisant un nouveau paradigme d'efficacité et de confiance.

L'exploitation minière : qu'est-ce que c'est et comment ça marche

Une nouvelle ère de transactions numériques décentralisées a commencé grâce à la technologie blockchain, et l'exploitation minière est au cœur de cette innovation révolutionnaire. L'intégrité, la sécurité et le consensus du réseau blockchain dépendent essentiellement du minage. Cette section propose une enquête approfondie sur l'exploitation minière, en se concentrant sur sa définition, ses principes et ses effets. Les gens peuvent apprécier l'importance de l'exploitation minière dans l'écosystème de la blockchain et son potentiel à révolutionner de nombreuses industries en comprenant les complexités de l'exploitation minière.

Le processus informatique de validation et d'ajout de nouveaux blocs de transactions à la blockchain est appelé minage. En plus de créer des blocs et de vérifier les transactions, il préserve également la sécurité et le consensus du réseau décentralisé. Afin de protéger le réseau et de gagner des récompenses, les mineurs s'affrontent pour résoudre des énigmes mathématiques difficiles à l'aide d'un matériel puissant et de logiciels spécialisés.

La première et la plus connue des crypto-monnaies, Bitcoin, est l'endroit où l'idée du minage a émergé pour la première fois. Les utilisateurs individuels peuvent initialement accéder au minage avec du matériel informatique simple. Cependant, l'exploitation minière est devenue plus difficile et plus gourmande en ressources à mesure que la technologie blockchain progresse et gagne en popularité. Pour répondre aux demandes informatiques croissantes du secteur minier, des équipements miniers spécialisés, tels que les circuits intégrés spécifiques à une application (ASIC), ont vu le jour.

Les mécanismes de consensus utilisés par les différentes blockchains sont intimement liés au minage. La preuve de travail (PoW) et la preuve de participation (PoS) sont deux techniques souvent utilisées.

Les blockchains qui utilisent la preuve de travail (PoW) ont besoin que les mineurs rivalisent pour résoudre des énigmes mathématiques difficiles appelées fonctions de hachage afin de valider les transactions et d'ajouter de nouveaux blocs. Les mineurs doivent localiser une certaine valeur de hachage qui répond aux exigences spécifiées, ce qui nécessite une puissance de traitement importante. Le premier mineur à terminer le défi obtient l'autorisation d'ajouter un nouveau bloc à la blockchain et est récompensé par du Bitcoin.

D'un autre côté, les systèmes Proof-of-Stake (PoS) sélectionnent les créateurs de blocs en fonction de leur participation dans le réseau. Les systèmes basés sur PoS prennent en compte les avoirs en crypto-monnaie des participants plutôt que de dépendre uniquement de la puissance de traitement. Les fabricants de blocs sont sélectionnés de manière déterministe, la probabilité de sélection étant directement corrélée à leur participation dans le réseau.

En confirmant leur authenticité et en s'assurant qu'ils respectent les réglementations prédéfinies du réseau blockchain, les mineurs valident les transactions. Dans le cadre de cette procédure de vérification, les signatures numériques sont examinées, la disponibilité de fonds suffisants est vérifiée et les exigences spécifiques au protocole sont respectées.

Une fois qu'un groupe de transactions a été validé, les mineurs les compilent dans un bloc et ajoutent d'autres informations, comme un horodatage et une référence au bloc qui le précède. Le bloc est ensuite transmis sur le réseau afin que d'autres nœuds puissent le valider.

Les protocoles blockchain modifient la difficulté du minage afin de maintenir un taux de création de blocs constant et de réguler l'émission de nouvelles devises. La quantité de traitement requise pour trouver un hachage de bloc légitime dépend de sa difficulté. Afin d'exploiter avec succès un bloc, les mineurs doivent d'abord atteindre la valeur cible, qui est déterminée par la difficulté. La difficulté s'ajuste en réponse aux changements dans la capacité de traitement du réseau pour maintenir un temps de production de blocs à peu près constant.

Pour leurs efforts visant à protéger le réseau et à générer de nouveaux blocs, les mineurs sont payés. Les bitcoins nouvellement créés et les frais de transaction payés par les utilisateurs pour que leurs transactions soient incluses dans le bloc sont les composants habituels des récompenses de bloc. Par exemple, la récompense de bloc en Bitcoin a commencé à 50 bitcoins par bloc et est divisée par deux environ tous les quatre ans. L'émission contrôlée de nouvelles pièces est assurée par ce système de récompense décroissante.

L'industrie minière est devenue plus compétitive ces dernières années, ce qui rend difficile pour les mineurs individuels de rivaliser avec les exploitations à grande échelle. Afin d'augmenter leurs chances de gagner des récompenses, plusieurs mineurs mettent en commun leur puissance de calcul dans des pools miniers. Sur la base de la contribution de chaque mineur au calcul, les pools répartissent les récompenses proportionnellement entre les mineurs participants.

Afin de conserver le caractère décentralisé de la blockchain, le minage est essentiel. L'exploitation minière distribue le contrôle et la capacité de prise de décision entre de nombreuses organisations en incitant les acteurs à contribuer aux ressources informatiques. En garantissant qu'aucune entité ne peut contrôler la blockchain, le mécanisme de consensus renforce la sécurité et la confiance du réseau.

En garantissant la validation et la vérification des transactions grâce au minage, les doubles dépenses et autres comportements frauduleux sont évités. Tout participant peut confirmer la légitimité et l'intégrité des transactions enregistrées dans les blocs grâce à la transparence de la blockchain. La promotion de la confiance, de la responsabilité et de l'auditabilité au sein des industries utilisant la blockchain est rendue possible par cette transparence.

La résilience et la stabilité du réseau blockchain sont améliorées grâce au processus de minage décentralisé. Pour que le mécanisme de consensus fonctionne, une majorité des participants doit convenir qu'un blocage est valide. Les mineurs distribués garantissent que le réseau peut résister aux attaques ou aux pannes. Les réseaux blockchain résistent à la censure, au piratage et aux points de défaillance uniques en raison de leur résilience.

Le minage nécessite des ressources de traitement importantes, notamment dans les blockchains avec un modèle PoW. Des inquiétudes ont été exprimées quant à la manière dont cela affecterait la durabilité des opérations minières et l'environnement. Il existe actuellement des initiatives visant à étudier des techniques de consensus plus économes en énergie, telles que le PoS, qui peuvent préserver la sécurité du réseau tout en consommant moins d'énergie.

Il est possible que l'exploitation minière devienne plus centralisée, avec un petit nombre d'entités fortes détenant une part importante de la puissance minière, à mesure qu'elle devient plus compétitive et plus gourmande en ressources. La décentralisation caractéristique de la blockchain pourrait être compromise si cette concentration du pouvoir se poursuit. Les futures innovations minières auront encore du mal à trouver un équilibre entre décentralisation et efficacité.

Un défi important pour le secteur minier consiste à faire évoluer les réseaux blockchain pour gérer l'augmentation du nombre de transactions. Des encombrements et des délais de confirmation prolongés peuvent résulter d'une augmentation du volume des transactions. Les problèmes d'évolutivité des réseaux blockchain sont résolus par des innovations telles que le partitionnement et les solutions de couche deux.

Le mécanisme essentiel de la technologie Blockchain, le minage, permet la formation de blocs, la vérification des transactions et la sécurité du réseau. Grâce à leur puissance de calcul et à leurs mécanismes de consensus, les mineurs rivalisent pour créer de nouveaux blocs et valider les transactions. La procédure garantit la décentralisation, la sécurité et la transparence de la blockchain. Résoudre les problèmes de consommation d'énergie, de centralisation et d'évolutivité à mesure que la technologie blockchain se développe ouvre la porte à des méthodes d'exploitation minière plus productives et plus respectueuses de l'environnement. Grâce à son approche basée sur des incitations, l'exploitation minière a le pouvoir de transformer des industries entières, de redéfinir les modèles de confiance et de remodeler la manière dont les transactions et les économies numériques seront menées à l'avenir. L'exploitation minière continue d'influencer le paysage des systèmes décentralisés en raison de sa position cruciale dans la technologie blockchain, ouvrant de nouvelles opportunités pour un avenir numérique plus sûr et transparent.

Frais de transaction et récompenses de bloc

Avec l'introduction de la technologie blockchain, les transactions numériques décentralisées ont adopté un nouveau paradigme dans lequel les frais de transaction et les récompenses en bloc sont cruciaux pour motiver les participants et maintenir le bon fonctionnement du réseau. L'objectif de cette section est d'étudier les mécanismes et l'importance des frais de transaction et des récompenses en bloc dans la technologie blockchain. Les gens peuvent en apprendre davantage sur la manière dont les réseaux blockchain assurent la sécurité, la durabilité et l'équité en explorant les implications économiques de ces incitations.

Les utilisateurs doivent payer des frais de transaction pour que leurs transactions soient incluses dans la blockchain, ce qui offre aux mineurs une incitation financière à prioriser et à approuver les transactions. Ces frais rémunèrent les mineurs pour la puissance de traitement, la main-d'œuvre et le temps qu'ils ont consacré à la protection et à la maintenance du réseau blockchain. Les frais de transaction sont influencés par un certain nombre de variables, telles que la congestion du réseau et la taille des transactions. Les utilisateurs s'efforcent de faire valider leurs transactions rapidement lorsque la congestion du réseau augmente, créant ainsi un marché aux frais plus élevés. Des frais plus élevés sont le résultat de transactions plus importantes utilisant plus d'espace blockchain et nécessitant de plus grandes ressources informatiques. Les frais de transaction sont déterminés par la dynamique de l'offre et de la demande. Les utilisateurs déterminent indépendamment les frais qu'ils souhaitent payer, et les mineurs décident quelles transactions inclure dans un bloc en fonction de leur potentiel de profit. Pour augmenter leurs revenus, les mineurs donnent souvent la priorité aux transactions comportant des frais plus élevés. Des périodes de confirmation plus longues peuvent être rencontrées par les utilisateurs qui accordent des frais moins élevés.

Les récompenses de bloc sont des incitations accordées aux mineurs sous forme de crypto-monnaies après avoir réussi à ajouter un nouveau bloc à la blockchain. Ils constituent la principale méthode d'émission de nouvelles pièces et encouragent les mineurs à consacrer leur puissance de calcul à la sécurité des réseaux. Dans le réseau Bitcoin, où la récompense de bloc a commencé à 50 bitcoins par bloc et est réduite de moitié environ tous les quatre ans, on peut observer l'évolution des récompenses de bloc. Ce mécanisme de récompense décroissante limite l'offre globale de crypto monnaie et la rend progressivement plus rare. Les récompenses en bloc permettent aux mineurs de compenser leur travail, de payer leurs frais de fonctionnement et de les inciter financièrement à assurer la sécurité du réseau. Les mineurs seraient moins enclins à contribuer à la puissance de calcul sans incitations de bloc, réduisant ainsi la sécurité du réseau. Les frais de transaction deviennent plus importants à mesure que l'offre totale d'une crypto monnaie se rapproche de sa limite prédéterminée. Au lieu de récompenses globales, les frais de transaction devraient devenir la principale source d'incitation pour les mineurs. Ce changement soutient les écosystèmes blockchain qui sont viables et rentables.

Des préoccupations importantes concernant la sécurité des réseaux, la décentralisation, l'expérience utilisateur et la durabilité économique découlent des frais de transaction et des récompenses en bloc. Ils incitent les mineurs à participer au mécanisme de consensus et à fournir une puissance de calcul pour protéger le réseau blockchain. Des marchés de frais robustes et des récompenses globales raisonnables garantissent un écosystème minier diversifié et décentralisé, réduisant ainsi la possibilité qu'une organisation obtienne un contrôle excessif sur le réseau. Les frais de transaction ont un impact direct sur la rapidité avec laquelle les transactions sont confirmées ; des frais plus élevés entraînent des règlements plus rapides. Les utilisateurs souhaitant effectuer des transactions rapidement peuvent décider de facturer des frais plus élevés. Il devient crucial pour les utilisateurs d'équilibrer le temps de confirmation souhaité avec des frais raisonnables. La viabilité économique des réseaux blockchain est en outre renforcée par les coûts de transaction et les récompenses en bloc. Les frais de transaction équilibrent le coût de participation avec la valeur tirée du réseau en encourageant les utilisateurs à payer pour les ressources qu'ils utilisent. Un écosystème minier durable est favorisé par des récompenses en bloc correctement calibrées, qui garantissent que les mineurs sont équitablement rémunérés pour leur travail.

Pour les réseaux blockchain, l'évolutivité et l'efficacité du marché des frais constituent des défis. La congestion peut entraîner une augmentation des coûts de transaction et des délais de confirmation plus longs à mesure que la popularité augmente. Ces problèmes peuvent être résolus et l'efficacité du marché des frais peut être améliorée en créant des solutions de mise à l'échelle efficaces, telles que des protocoles de couche deux ou le partitionnement. Pour améliorer l'expérience utilisateur, la formation des utilisateurs et l'optimisation des frais sont essentielles. Les particuliers peuvent être habilités à optimiser leurs frais de transaction et à trouver un équilibre entre prix et rapidité en ayant accès à des outils conviviaux d'estimation des frais et à des ressources pédagogiques. La stabilité du marché des frais est également un problème, car la volatilité peut affecter la perception qu'ont les utilisateurs du réseau et leur confiance dans celui-ci. Des techniques telles que des modèles d'estimation des frais, des plafonds de frais et des algorithmes de marché des frais peuvent contribuer à créer un environnement de marché des frais plus stable en réduisant la volatilité et en améliorant l'expérience utilisateur.

L'économie de la blockchain doit inclure les frais de transaction et les récompenses en bloc. Les frais de transaction rémunèrent les mineurs pour leurs ressources informatiques et encouragent une validation rapide des transactions. La sécurité et la viabilité à long terme du réseau blockchain sont garanties par des récompenses en bloc. Pour la sécurité du réseau, la satisfaction des utilisateurs et la viabilité économique à long terme, un équilibre entre les frais de transaction et les récompenses en bloc est crucial. À mesure que la technologie blockchain se développe, il sera crucial de surmonter les problèmes d'évolutivité et de maximiser l'efficacité du marché des frais pour créer des écosystèmes blockchain solides et conviviaux. Les individus peuvent naviguer dans l'écosystème blockchain en comprenant les aspects économiques qui sous-tendent les frais de transaction et les récompenses de bloc, ce qui libère le potentiel de transactions numériques sécurisées, décentralisées et financièrement durables.

CHAPITRE IV

Portefeuilles, adresses et clés

Qu'est-ce qu'un portefeuille Bitcoin ?

Les transactions numériques ont connu une révolution grâce au Bitcoin, la crypto-monnaie pionnière. Le portefeuille Bitcoin, un outil crucial qui permet aux utilisateurs de stocker, gérer et effectuer des transactions en toute sécurité avec leurs actifs numériques, se trouve au centre de cet écosystème décentralisé.

Cette section vise à fournir une compréhension approfondie de ce qu'est un portefeuille Bitcoin en examinant ses caractéristiques, ses classifications, ses précautions de sécurité et l'évolution du paysage technologique des portefeuilles. Les gens peuvent naviguer dans le monde des actifs numériques en toute sécurité et confiance en apprenant les nuances des portefeuilles Bitcoin.

Un portefeuille Bitcoin est un élément matériel ou logiciel qui permet aux utilisateurs de stocker, contrôler et communiquer avec leurs avoirs Bitcoin. Les clés cryptographiques nécessaires pour accéder et transmettre Bitcoin sont stockées en toute sécurité par celui-ci. La génération de paires de clés, la gestion des transactions, la sécurité et l'authentification ne sont que quelques-uns des rôles joués par les portefeuilles Bitcoin. Une clé publique et une clé privée sont créées lors de la génération de la paire de clés. Alors que la clé privée reste privée et est utilisée pour accéder et approuver les transactions Bitcoin, la clé publique sert d'adresse de portefeuille de l'utilisateur. Les utilisateurs peuvent transférer et recevoir du Bitcoin via la gestion des transactions, consulter l'historique des transactions et suivre les soldes du portefeuille. Les clés privées des utilisateurs sont protégées par des procédures de sécurité et d'authentification, qui utilisent le cryptage, la sécurité par mot de passe et l'authentification multifacteur pour garantir uniquement l'accès autorisé.

Il existe de nombreux types de portefeuilles Bitcoin, chacun ayant des caractéristiques et des niveaux de protection uniques. Les portefeuilles logiciels, les portefeuilles matériels et les portefeuilles papier sont les trois variétés les plus populaires. Les portefeuilles logiciels comprennent les portefeuilles mobiles, créés pour les smartphones afin d'offrir facilité et portabilité, ainsi que les portefeuilles de bureau, qui sont installés sur les PC et permettent une gestion et une protection complètes. Les portefeuilles Web sont pratiques mais dépendent des précautions de sécurité prises par le fournisseur du portefeuille. Ils sont accessibles à l'aide de navigateurs Web. Les portefeuilles matériels, qui sont des éléments physiques, offrent une sécurité accrue en gardant les clés privées hors ligne. Les portefeuilles papier offrent une solution de stockage hors ligne et peu coûteuse en imprimant ou en écrivant physiquement les clés privées et publiques sur papier.

Lorsqu'il s'agit de portefeuilles Bitcoin, la sécurité est de la plus haute importance. Il est essentiel de préserver les clés privées et des méthodes de cryptage sont utilisées pour protéger les clés contre tout accès non autorisé. L'utilisation de mots de passe forts et originaux est encouragée, car la protection par mot de passe ajoute une couche de sécurité supplémentaire. En exigeant une deuxième forme d'identification, telle qu'une empreinte digitale ou un mot de passe à usage unique, l'authentification multifacteur augmente la sécurité du portefeuille. La perte de données ou la panne de l'appareil sont protégées par des procédures de sauvegarde et de récupération, et il est conseillé de sauvegarder périodiquement les données du portefeuille dans un emplacement de stockage sécurisé hors ligne ou dans le cloud. La sécurité et l'intégrité des actifs Bitcoin sont assurées en choisissant un service de portefeuille de confiance.

Avec le développement de la technologie, les portefeuilles Bitcoin continuent d'évoluer. Plusieurs signatures de clés privées sont requises par les portefeuilles multi-signatures afin d'approuver une transaction, offrant ainsi une couche de sécurité supplémentaire et réduisant le risque de clés compromises. Afin de garantir la simplicité d'utilisation et des procédures de sauvegarde et de récupération efficaces, les portefeuilles déterministes hiérarchiques (HD) génèrent une hiérarchie de clés à partir d'une seule graine principale. Le mélange de pièces, les adresses furtives et les transactions secrètes ne sont que quelques-unes des fonctionnalités fournies par les portefeuilles axés sur la confidentialité pour augmenter l'anonymat et la fongibilité des transactions Bitcoin.

Les outils permettant de gérer, de stocker et d'utiliser Bitcoin en toute sécurité incluent les portefeuilles Bitcoin. Ils permettent une communication transparente avec le réseau Bitcoin et permettent aux utilisateurs de contrôler leurs clés privées. Les gens peuvent prendre des décisions éclairées et protéger leurs actifs numériques en étant conscients des nombreux types de portefeuilles, des problèmes de sécurité qu'ils soulèvent et de l'évolution du paysage technologique des portefeuilles. En adoptant des procédures de portefeuille sécurisées, les utilisateurs peuvent naviguer dans l'univers Bitcoin en toute confiance et exploiter le potentiel de cette technologie révolutionnaire. La technologie du portefeuille sera essentielle pour déterminer la sécurité, la convivialité et l'expérience utilisateur de l'espace des actifs numériques à mesure que l'écosystème Bitcoin se développe. Les particuliers peuvent participer au monde du Bitcoin en toute confiance et protéger leurs actifs numériques en adoptant des pratiques de portefeuille sécurisées.

Clés publiques et privées : un aperçu

Dans le domaine de la cryptographie moderne, le concept de clés publiques et privées constitue un élément essentiel dans le processus visant à garantir la sécurité des transactions et des communications numériques. Le cryptage, le déchiffrement et la validation des signatures numériques sont tous rendus possibles par l'utilisation de ces clés conjointement les unes avec les autres au sein d'un système cryptographique. Le but de cette section est de fournir un examen complet des clés publiques et privées en examinant leurs définitions, leurs fonctions, les mathématiques sous-jacentes qui les rendent sécurisées, ainsi que leurs applications dans une variété de domaines différents. Les individus peuvent mieux comprendre l'importance de la sécurité cryptographique à l'ère numérique et ses conséquences sur la sécurité des données, la confidentialité des communications numériques et la fiabilité des transactions numériques en approfondissant la complexité des clés publiques et privées.

La cryptographie symétrique et asymétrique sont les deux principales classifications pouvant être appliquées aux systèmes cryptographiques. En matière de chiffrement et de déchiffrement, la cryptographie symétrique n'utilise qu'une seule clé, tandis que la cryptographie asymétrique, qui utilise à la fois des clés publiques et privées, est capable de surmonter les difficultés liées à un échange de clé sécurisé.

L'emploi d'une clé publique et d'une clé privée est essentiel à la pratique de la cryptographie à clé publique, également connue sous le nom de cryptographie asymétrique. N'importe qui peut vérifier les signatures numériques ou chiffrer les données car la clé publique est librement distribuée et accessible au public. La clé privée peut être utilisée à la fois pour le décryptage et la signature, mais elle doit toujours rester confidentielle. Des techniques mathématiques complexes basées sur les nombres premiers et l'arithmétique modulaire sont utilisées pour générer la paire de clés nécessaires pour accéder au système.

La pratique consistant à utiliser une seule clé privée pour le cryptage et le déchiffrement est au cœur de la cryptographie à clé privée, également connue sous le nom de cryptographie symétrique. Son application principale réside dans les méthodes de chiffrement symétriques, qui chiffrent et déchiffrent les données en utilisant la même clé dans les deux processus.

Les clés publiques et privées sont utiles à diverses fins et peuvent être utilisées dans un certain nombre de contextes.

L'utilisation de clés publiques en cryptographie rend possible une communication sécurisée en offrant à la fois confidentialité et confidentialité. Lorsqu'une communication est chiffrée par l'expéditeur à l'aide de la clé publique du destinataire, l'expéditeur s'assure que seul le destinataire, qui possède la clé privée correspondante, est en mesure de déchiffrer le message et d'accéder au contenu original du message. Pendant la procédure de transmission, les informations sensibles sont protégées par cette méthode.

L'utilisation de la cryptographie à clé publique est indispensable pour valider l'authenticité et l'intégrité des signatures numériques. L'expéditeur génère une signature numérique unique en signant un message avec sa propre clé privée personnelle. Vérifier la signature et s'assurer que le message n'a pas été modifié pendant son transit peut être réalisé à l'aide de la clé publique de l'expéditeur, qui est à la disposition du destinataire. La vérification de l'intégrité, de l'authentification et de la non-répudiation des documents est grandement facilitée par l'utilisation de signatures numériques.

L'utilisation de clés publiques en cryptographie permet d'échanger des clés de manière sécurisée. Il est possible pour deux parties d'établir une clé secrète partagée grâce à l'utilisation de méthodes telles que l'échange de clé Diffie-Hellman sans échanger directement la clé elle-même. Cette procédure garantit que toutes les communications sont protégées et que toutes les transmissions de données sont cryptées.

L'intégrité de la cryptographie à clés publiques et privées dépend non seulement de la longueur et de la force des clés, mais également de la gestion appropriée des clés.

La longueur de la clé et la difficulté des procédures mathématiques utilisées pour la générer sont deux facteurs qui déterminent le degré de sécurité de la cryptographie à clé publique et privée. Des clés plus longues offrent une meilleure résistance aux attaques par force brute, ce qui rend impossible, sur le plan informatique, le déchiffrement du cryptage en essayant toutes les combinaisons de clés possibles.

Il est absolument nécessaire d'avoir une gestion efficace des clés afin de garantir la sécurité des clés publiques et privées. Il est essentiel de conserver en toute sécurité les clés privées et d'empêcher à tout moment tout accès indésirable à celles-ci. Dans un souci de maintien de l'authenticité et de l'intégrité, les clés publiques ne doivent être diffusées que par des méthodes fiables.

Les clés publiques et privées sont utilisées dans divers domaines, notamment le développement de protocoles de communication sécurisés tels que HTTPS, SSH et VPN. Dans les contrats juridiques, les transactions financières et les systèmes de vote électronique, ils sont essentiels pour vérifier l'intégrité du document, authentifier et garantir que le document ne peut être répudié. De plus, la cryptographie à clé publique permet d'avoir des procédures d'échange de clés sécurisées, ce qui permet d'envoyer des données sous forme cryptée.

Les systèmes cryptographiques modernes reposent sur une base de clés publiques et privées, chargées de permettre une communication sécurisée, de maintenir l'intégrité des données et d'instaurer la confiance dans les transactions numériques. À notre époque où la sécurité des données est de la plus haute importance, il est important que vous ayez une compréhension fondamentale des principes et des opérations qui sous-tendent ces clés. Les individus et les organisations sont en mesure de protéger les informations sensibles, d'établir des canaux de communication sécurisés et de favoriser la confiance dans l'arène numérique lorsqu'ils appliquent des politiques de gestion de clés correctes et exploitent la puissance des clés publiques et privées. Dans l'environnement en constante évolution de la technologie et de la protection des données, la sécurité cryptographique basée sur des clés publiques et privées continuera à être un élément essentiel.

Adresses Bitcoin : création et utilisation

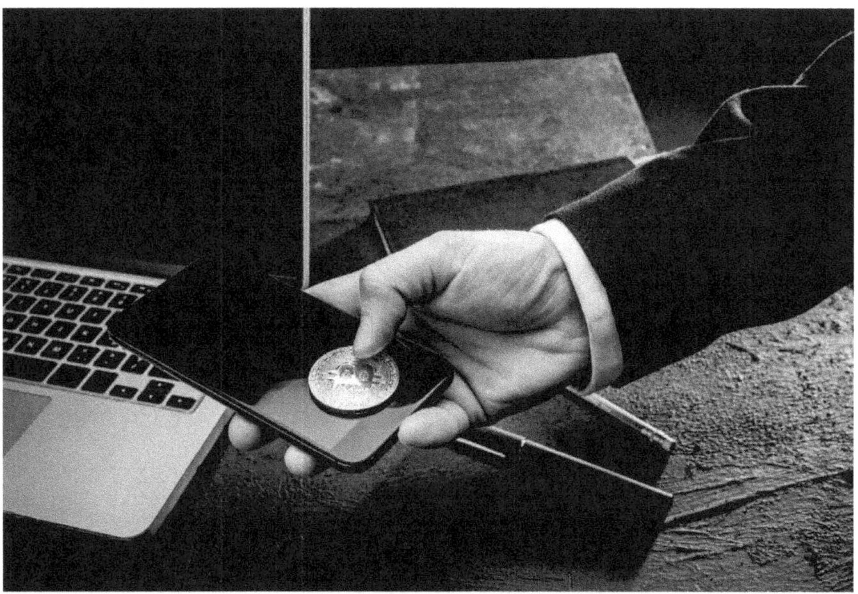

La monnaie numérique révolutionnaire Bitcoin utilise un réseau décentralisé et des adresses individuelles pour effectuer des transactions. En tant qu'identifiants pour l'envoi et la réception de fonds, les adresses Bitcoin garantissent la sécurité et la transparence du système. L'objectif de cette section est de donner aux lecteurs une compréhension approfondie des adresses Bitcoin en explorant leur création, leur structure et leur application réelle dans des contextes transactionnels. Les individus peuvent naviguer avec succès et clarté dans le domaine de la finance numérique en se familiarisant avec la complexité des adresses Bitcoin.

Les chaînes alphanumériques appelées adresses Bitcoin identifient la source ou la destination des fonds sur le réseau Bitcoin. Ils servent d'identité publique et permettent aux gens d'accepter ouvertement et en toute sécurité de l'argent des autres. Les adresses Bitcoin sont nécessaires pour confirmer l'historique des transactions et le solde d'un compte spécifique.

Une adresse Bitcoin moyenne comprend un numéro de version, un hachage de la clé publique et une somme de contrôle. Le format est souvent une chaîne de caractères alphanumériques, commençant fréquemment par « 1 » pour les adresses régulières et « 3 » pour les adresses multi-signatures.

Les adresses Bitcoin se présentent sous différents formats, notamment Pay-to-Public-Key-Hash (P 2 PKH), Pay-to-Script-Hash (P2SH) et Bech 32. Chaque type offre des caractéristiques distinctives et est compatible avec différentes plateformes de portefeuille.

La clé privée et la clé publique d'une paire de clés cryptographiques sont utilisées pour créer des adresses Bitcoin. Le secret du propriétaire est la clé privée, qui est produite de manière aléatoire. À partir de la clé privée, une clé publique correspondante est mathématiquement dérivée.

La clé publique est hachée pour produire une adresse Bitcoin, souvent à l'aide des algorithmes SHA-256 et RIPEMD-160. Une chaîne de longueur fixe qui représente avec précision la clé publique est créée à la suite de ce processus : le hachage de clé publique.

Un numéro de version est ajouté au hachage de la clé publique pour distinguer les différents formats d'adresse. De plus, une somme de contrôle est créée en hachant le numéro de version et le hachage de la clé publique, et une partie du hachage résultant est ajoutée à l'adresse. Lors de la saisie manuelle d'adresses, la somme de contrôle garantit l'exactitude et évite les erreurs typiques.

Le codage Base58 est utilisé pour afficher l'adresse dans un format plus accessible, à l'exclusion des caractères ambigus tels que « 0 », « O », « I » et « l ». L'adresse est moins sensible aux erreurs de transcription dues à ce codage, qui convertit les données de hachage en une série de caractères alphanumériques.

Les adresses Bitcoin sont principalement utilisées pour recevoir de l'argent. Lorsque quelqu'un souhaite recevoir du Bitcoin, il donne à l'expéditeur son adresse spécifique. N'importe qui peut consulter le montant et l'historique des transactions liés à cette adresse grâce à la transparence de la blockchain.

L'adresse Bitcoin du destinataire doit être spécifiée comme destination lors du transfert de Bitcoin. L'adresse du destinataire est utilisée par le portefeuille de l'expéditeur pour établir une transaction, qui est ensuite signée numériquement avec la clé privée de l'expéditeur. Après avoir été diffusée sur le réseau, la transaction est ensuite vérifiée et ajoutée à la blockchain.

La nature à usage unique des adresses Bitcoin favorise la confidentialité et la sécurité. La réutilisation des adresses permet à des tiers de relier de nombreuses transactions à une seule entité, ce qui compromet l'anonymat. Pour protéger la confidentialité et réduire la possibilité d'analyse basée sur l'adresse, il est conseillé de produire une nouvelle adresse pour chaque transaction.

Un niveau supplémentaire de commodité et de sécurité est fourni par les portefeuilles déterministes hiérarchiques (HD). Les utilisateurs peuvent générer de manière déterministe un nombre infini d'adresses car ils produisent une structure hiérarchique d'adresses arborescentes à partir d'une seule graine principale. Les portefeuilles HD facilitent les procédures sécurisées de sauvegarde et de récupération et simplifient l'administration des clés.

La protection des clés privées qui les accompagnent est essentielle pour maintenir la sécurité des adresses Bitcoin. Pour protéger leurs clés privées contre la perte ou l'accès indésirable, les utilisateurs doivent utiliser des méthodes de stockage sécurisées telles que des portefeuilles matériels ou des portefeuilles numériques cryptés.

Il est essentiel de sauvegarder régulièrement les clés privées ou d'utiliser les fonctionnalités de sauvegarde du portefeuille pour réduire le risque de perte d'accès aux fonds. Les copies de sauvegarde doivent être cryptées ou stockées en toute sécurité hors ligne.

Il est crucial de confirmer l'exactitude de l'adresse fournie par l'expéditeur avant d'accepter un Bitcoin. La falsification d'adresse involontaire ou délibérée peut être évitée en vérifiant les premiers et derniers caractères, en utilisant des codes QR ou en dépendant de méthodes de demande de paiement fiables.

Dans l'écosystème des monnaies numériques, les adresses Bitcoin sont essentielles pour faciliter des transactions sécurisées et ouvertes. Les individus sont en mesure de participer en toute confiance au monde de la banque numérique lorsqu'ils comprennent le processus de formation, la structure et l'application pratique des adresses Bitcoin. Les utilisateurs peuvent s'assurer que les adresses Bitcoin sont utilisées de manière sécurisée et responsable en accordant la priorité à des questions telles que la protection des clés privées, la vérification des adresses et les considérations de confidentialité. Les améliorations et les innovations amélioreront l'efficacité, la sécurité et la confidentialité des transactions numériques à mesure que le réseau Bitcoin continue de se développer. Les particuliers peuvent libérer tout le potentiel de cette technologie révolutionnaire en adoptant les idées et procédures fondamentales régissant les adresses Bitcoin.

Types de portefeuilles : portefeuilles chauds, portefeuilles froids, portefeuilles matériels, portefeuilles papier

L'idée des portefeuilles est fondamentale dans le monde des crypto-monnaies pour stocker et protéger les actifs numériques. Les portefeuilles sont des dispositifs matériels ou logiciels qui permettent aux utilisateurs de transmettre, recevoir et stocker des crypto-monnaies comme Bitcoin. Cette section explore les différentes variétés de portefeuilles, notamment les portefeuilles papier, les portefeuilles matériels, les portefeuilles chauds et les portefeuilles froids. Les personnes connaissant les caractéristiques, les avantages et les vulnérabilités de chaque type de portefeuille peuvent décider de la meilleure façon de protéger leurs actifs numériques.

Des portefeuilles numériques appelés « hot wallets », qui sont connectés en ligne et permettent aux utilisateurs d'accéder rapidement à leurs avoirs en cryptomonnaies. Ils sont disponibles dans une variété de formats, y compris des portefeuilles Web proposés par des fournisseurs de services externes et des portefeuilles logiciels comme les portefeuilles de bureau et mobiles. L'objectif principal des Hot Wallets est de donner aux clients un contrôle efficace sur leurs fonds en crypto-monnaies.

Les utilisateurs ont un accès instantané à l'envoi et à la réception de crypto-monnaies grâce aux portefeuilles chauds. Ils fournissent des interfaces utilisateur simples qui facilitent les transactions sur le réseau de crypto-monnaies. Les portefeuilles chauds permettent aux utilisateurs de suivre facilement leurs avoirs et d'effectuer des transactions grâce à des fonctionnalités telles que la surveillance du solde, l'historique des transactions et la gestion des adresses.

Les portefeuilles chauds peuvent être pratiques, mais il est également important d'être conscient de leurs risques en matière de sécurité. Les utilisateurs de hot wallets doivent être conscients des vulnérabilités auxquelles ils sont exposés en ligne.

Les portefeuilles chauds sont considérablement menacés par les menaces en ligne. Pour accéder aux fonds sans autorisation, les pirates peuvent attaquer les systèmes Web ou profiter des vulnérabilités des portefeuilles logiciels. Les utilisateurs doivent prendre des précautions pour éviter les menaces courantes telles que les logiciels malveillants et les attaques de phishing. De plus, certains hot wallets sont gérés par des prestataires de services tiers, ce qui nécessite que les utilisateurs aient confiance dans les mesures de sécurité prises par ces organisations.

Les utilisateurs peuvent mettre en place de nombreuses mesures de sécurité pour réduire les risques de sécurité liés aux hot wallets. Lorsqu'elle est utilisée conjointement avec un mot de passe, l'authentification à deux facteurs (2FA) offre une couche de sécurité supplémentaire. Le portefeuille et les clés privées sont cryptés pour empêcher tout accès non autorisé. Le logiciel du portefeuille est régulièrement corrigé et mis à jour pour garantir que toutes les vulnérabilités connues soient rapidement corrigées. Pour réduire le risque d'utilisation d'un logiciel de portefeuille compromis, il est également crucial d'obtenir des portefeuilles chauds auprès de sources fiables.

Les portefeuilles chauds sont pratiques, mais il est important de comprendre les risques qu'ils présentent. Les utilisateurs doivent être à l'affût des logiciels malveillants, des escroqueries par phishing et d'autres risques en ligne qui pourraient compromettre la sécurité de leurs portefeuilles chauds. Sécuriser les avoirs en crypto-monnaies nécessite de sensibiliser aux risques potentiels et de promouvoir l'éducation à leur sujet.

Les portefeuilles chauds sont idéaux pour les personnes qui effectuent fréquemment des transactions en crypto-monnaies ou qui ont besoin d'un accès rapide à leur argent. La simplicité et l'efficacité des hot wallets sont avantageuses pour les traders, les utilisateurs actifs et tous ceux qui utilisent fréquemment des crypto-monnaies pour le paiement.

Il est conseillé aux utilisateurs de réfléchir à la gestion des risques et à la diversité des portefeuilles. Les risques liés à la détention de tous vos actifs dans un seul portefeuille chaud peuvent être réduits en répartissant votre argent sur plusieurs portefeuilles. Un degré de sécurité supplémentaire peut être ajouté en plaçant la majorité de vos avoirs en crypto monnaies dans des portefeuilles froids ou des portefeuilles matériels et en allouant une infime quantité à un portefeuille chaud pour une utilisation quotidienne.

Il est essentiel de trouver des fournisseurs de portefeuilles dignes de confiance, ayant fait leurs preuves en matière de sécurité et de satisfaction des clients lors du choix des portefeuilles chauds. Pour garantir la crédibilité et la fiabilité du fournisseur de portefeuille, une enquête approfondie et une diligence raisonnable sont importantes.

Lorsque vous utilisez des portefeuilles chauds, il est crucial d'évaluer votre tolérance au risque. Les utilisateurs doivent évaluer la quantité de crypto-monnaies qu'ils envisagent de mettre dans un portefeuille chaud et prendre en compte la possibilité de perte. Les plus petites quantités doivent normalement être conservées dans des portefeuilles chauds, tandis que les plus grandes quantités doivent être conservées dans un stockage plus sûr.

Les portefeuilles chauds offrent aux utilisateurs accessibilité et facilité lors de la gestion de leurs fonds en crypto-monnaies. Malgré le fait qu'ils offrent un accès immédiat et des interfaces conviviales, il est crucial de prendre en compte les menaces de sécurité induites par leur nature en ligne. La meilleure façon d'assurer la sécurité des avoirs en cryptomonnaies est de mettre en œuvre des mesures de sécurité strictes, de suivre les tendances les plus récentes en matière de cybersécurité et d'utiliser les hot wallets avec prudence. Les utilisateurs peuvent profiter des avantages des portefeuilles chauds tout en réduisant les dangers potentiels en utilisant des mesures de gestion des risques, en diversifiant leurs portefeuilles et en sélectionnant des fournisseurs réputés. Les individus sont mieux équipés pour prendre des décisions éclairées et participer en toute confiance au domaine des services bancaires numériques lorsqu'ils comprennent les fonctionnalités et les implications en matière de sécurité des hot wallets.

Les portefeuilles froids sont destinés à gérer les fonds de crypto-monnaie hors ligne tout en stockant les clés privées. Les portefeuilles froids garantissent que les clés privées ne sont jamais exposées à des risques en ligne, contrairement aux portefeuilles chauds connectés à Internet. Ils se présentent sous diverses formes, les plus populaires étant les portefeuilles matériels et les portefeuilles papier.

Les portefeuilles matériels sont des éléments physiques conçus dans le but de stocker en toute sécurité des clés privées hors ligne. Ils sont extrêmement sûrs car ils utilisent fréquemment un cryptage robuste et exigent une confirmation physique des transactions. D'un autre côté, les portefeuilles papier génèrent et impriment des clés privées sur des objets physiques comme le papier. Ils offrent une couche de protection supplémentaire et sont entièrement hors ligne.

La défense des portefeuilles froids contre les dangers en ligne est l'un de ses principaux avantages. Les clés privées sont protégées des tentatives de piratage et des logiciels malveillants puisqu'elles ne sont jamais mises à disposition en ligne, contrairement aux hot wallets. Les portefeuilles froids réduisent également le risque d'être la proie d'escroqueries par phishing qui recherchent les données privées des clients. En plus d'assurer la sécurité physique, les portefeuilles froids offrent une protection contre les dangers en ligne. Ils réduisent le risque de perte physique ou d'accès non autorisé aux avoirs en crypto-monnaies en gardant les clés privées hors ligne. Pour garantir que seuls les utilisateurs autorisés peuvent accéder aux fonds, plusieurs portefeuilles matériels intègrent des fonctionnalités de sécurité supplémentaires telles que l'authentification multifacteur ou un accès protégé par mot de passe. De plus, la majorité des portefeuilles froids offrent des outils pour sauvegarder et récupérer les portefeuilles en toute sécurité, permettant aux utilisateurs de récupérer leurs fonds au cas où leur appareil serait égaré, cassé ou volé.

Les portefeuilles froids sont idéaux pour stocker des actifs de crypto-monnaies sur une période prolongée. Les personnes qui conserve un pourcentage important de leur argent dans des portefeuilles froids peuvent bénéficier d'une sécurité accrue contre les menaces potentielles. Ces portefeuilles peuvent créer des données de transaction signées qui peuvent ensuite être diffusées sur le réseau lorsque le portefeuille est lié à un appareil en ligne, les rendant ainsi utilisables même pour des transactions hors ligne. Cette fonction permet d'effectuer des transactions sécurisées même lorsqu'il y a peu ou pas de connectivité Internet.

Il est conseillé de diversifier l'utilisation du portefeuille afin de trouver un équilibre entre commodité et sécurité. Alors que la majorité des fonds peuvent être conservés dans des portefeuilles froids pour une conservation à long terme, les portefeuilles chauds peuvent être utilisés pour les transactions quotidiennes. Les portefeuilles froids doivent régulièrement recevoir des mises à jour du micrologiciel pour garantir qu'ils disposent des fonctionnalités de sécurité et des corrections de bogues les plus récentes. Le respect des procédures recommandées, telles que la conservation en toute sécurité de copies de sauvegarde des clés privées, offre une couche de sécurité supplémentaire.

Moyen solide et sûr de stocker des crypto-monnaies hors ligne, les portefeuilles froids offrent une défense contre les menaces en ligne et le vol physique. Une façon pour les gens de protéger leurs actifs numériques consiste à conserver leurs clés privées hors ligne. Les portefeuilles froids offrent aux consommateurs un niveau de sécurité et une tranquillité d'esprit accrus lorsqu'ils protègent leurs investissements en crypto-monnaie, que ce soit via des portefeuilles matériels ou des portefeuilles papier. Les utilisateurs peuvent augmenter la sécurité de leur stockage de crypto-monnaies en utilisant plusieurs portefeuilles, en se tenant au courant des mises à jour du micrologiciel et en suivant les meilleures pratiques. Les gens peuvent prendre des décisions éclairées et renforcer leurs pratiques de stockage Bitcoin en étant conscients des fonctionnalités et des considérations de sécurité du portefeuille froid.

Les portefeuilles matériels sont des éléments physiques créés pour gérer les fonds de crypto-monnaie et stocker en toute sécurité les clés privées. Ils fournissent un paramètre hors ligne, garantissant que les clés privées sont protégées de tout danger en ligne. Il existe de nombreux types de portefeuilles matériels, notamment les cartes à puce, les appareils USB et les équipements spécialisés. Ils utilisent des techniques de cryptage et des fonctionnalités de sécurité innovantes pour protéger les clés privées contre tout accès non autorisé. Les portefeuilles matériels offrent le plus haut niveau de sécurité par rapport aux autres types de portefeuilles, car ils offrent un stockage hors ligne.

Les portefeuilles matériels présentent de nombreux avantages en matière de sécurité. Ils offrent d'abord un stockage hors ligne, éliminant ainsi la menace des logiciels malveillants, du phishing et d'autres menaces en ligne. Deuxièmement, pour se prémunir contre le vol physique ou la manipulation de clés privées, les portefeuilles matériels incluent souvent des composants sécurisés tels que des circuits inviolables. Ils ajoutent également une couche de sécurité supplémentaire en exigeant un code PIN spécial pour accéder et gérer les fonds de crypto-monnaie. Enfin et surtout, les portefeuilles matériels disposent souvent d'écrans intégrés qui permettent aux utilisateurs de confirmer et d'autoriser les transactions directement sur l'appareil, réduisant ainsi les risques de falsification des transactions.

La convivialité est une priorité dans les portefeuilles matériels, ce qui les rend utilisables même par ceux qui ont une compréhension de base de la technologie. Les interfaces facilitent la création d'adresses, la gestion des actifs de crypto-monnaie et la confirmation des transactions. Grâce à l'utilisation de configurations de boutons intuitifs, les utilisateurs peuvent naviguer rapidement dans les options de menu disponibles, consulter les soldes de leurs comptes et commencer à effectuer des transactions.

De nombreuses crypto-monnaies sont prises en charge par des portefeuilles matériels, permettant aux utilisateurs de stocker et de contrôler simultanément divers actifs numériques. Il s'agit d'une option de stockage flexible pour une gamme de portefeuilles de crypto-monnaies en raison de leur compatibilité. L'interface unifiée d'un portefeuille matériel permet aux utilisateurs de gérer facilement une variété de pièces et de jetons, réduisant ainsi le processus de gestion des crypto-monnaies.

La résilience des portefeuilles matériels face aux menaces en ligne est l'un de leurs principaux avantages. Ils éliminent les risques de piratage, d'attaques de logiciels malveillants et d'efforts de phishing en gardant les clés privées hors ligne. Les mises à niveau régulières du micrologiciel pour les portefeuilles matériels aident également les appareils en corrigeant les vulnérabilités possibles et en garantissant qu'ils disposent des fonctionnalités de sécurité et des corrections de bugs les plus récentes. Les utilisateurs ne doivent acheter des portefeuilles matériels qu'auprès de fournisseurs de confiance et doivent confirmer la légitimité des appareils, afin de maximiser la sécurité.

Les portefeuilles matériels offrent des fonctionnalités de sécurité physique rigoureuses en plus de la protection en ligne. Pour empêcher toute falsification physique ou l'extraction de clés privées, ces appareils utilisent des fonctionnalités inviolables, telles que des revêtements anti-effraction, des sceaux et des pièces sécurisées. Même en cas de perte ou de vol d'appareil, les utilisateurs peuvent s'assurer que leurs clés privées sont protégées.

Bien que les portefeuilles matériels offrent une protection solide, les utilisateurs doivent veiller à assurer la sécurité de leurs appareils. Cela inclut la conservation en toute sécurité des graines de sauvegarde ou des phrases de récupération du portefeuille matériel, qui sont nécessaires à la récupération du portefeuille. De plus, les utilisateurs doivent mettre régulièrement à jour leur micrologiciel pour profiter des mises à niveau de sécurité les plus récentes mises à disposition par le fabricant du portefeuille matériel. Pour minimiser le risque d'utilisation d'appareils compromis ou contrefaits, il est crucial de confirmer la légitimité du portefeuille matériel avant utilisation.

Pour la conservation à long terme des actifs de crypto-monnaie, en particulier des montants importants qui ne sont pas fréquemment consultés, les portefeuilles matériels sont idéaux. Les particuliers peuvent bénéficier d'une sécurité améliorée contre les menaces potentielles en plaçant une part importante de leurs fonds dans des portefeuilles matériels. Étant donné que ces portefeuilles permettent aux utilisateurs de créer des données de transaction signées, qui peuvent ensuite être diffusées sur le réseau lorsque le portefeuille est lié à un appareil Internet, ils conviennent également aux transactions hors ligne. Pour un équilibre entre sécurité et accessibilité, il est conseillé de varier l'utilisation du portefeuille en combinant des portefeuilles matériels avec des portefeuilles chauds. Pour garantir que les portefeuilles matériels incluent les dernières fonctionnalités de sécurité et corrections de bogues, des mises à jour régulières du micrologiciel doivent être installées.

Les portefeuilles matériels, qui offrent un stockage hors ligne, un cryptage de haut niveau et des interfaces conviviales, sont devenus le compagnon de sécurité idéal pour le stockage de crypto-monnaies. Les portefeuilles matériels offrent une protection inégalée contre les menaces Internet et la falsification physique en gardant les clés privées hors ligne et en utilisant de solides protections de sécurité. Pour exploiter les avantages de sécurité offerts par les portefeuilles matériels, les utilisateurs doivent suivre les meilleures pratiques, telles que le stockage en toute sécurité des graines de sauvegarde et la mise à jour fréquente du micrologiciel. Pour ceux qui cherchent à protéger leurs investissements en crypto-monnaie, les portefeuilles matériels sont devenus l'option privilégiée en raison de leur polyvalence, de leur simplicité et de leur sécurité inégalée. Les individus sont mieux équipés pour prendre des décisions éclairées et entrer en toute confiance dans le domaine de la banque numérique lorsqu'ils comprennent les fonctionnalités et les implications en matière de sécurité des portefeuilles matériels.

Les portefeuilles papier sont des documents physiques contenant les données nécessaires pour stocker et accéder aux fonds en crypto-monnaies sans connexion Internet. Ils sont constitués de clés privées imprimées et d'adresses publiques, qui sont fréquemment présentées sous forme de codes alphanumériques ou QR. Les clés privées ne sont jamais mises à la disposition des menaces en ligne puisque les portefeuilles papier sont préparés avec des équipements hors ligne. Ils ajoutent une couche de sécurité supplémentaire en gardant complètement les actifs numériques hors ligne.

Les portefeuilles papier présentent un certain nombre d'avantages de sécurité distinctifs. Ils résistent aux efforts de piratage en ligne, aux virus et aux attaques de phishing car ils sont créés et stockés hors ligne. Le risque d'accès non désiré aux fonds de crypto-monnaie est considérablement réduit car les clés privées ne sont jamais rendues publiques sur Internet. Les portefeuilles papier éliminent également le besoin de dépendre de prestataires de services peu fiables, offrant aux clients un accès direct à leurs fonds.

Créer un portefeuille papier est simple à réaliser et ne nécessite aucune connaissance technologique. Les portefeuilles papier peuvent être créés à l'aide de divers outils et applications en ligne, permettant aux utilisateurs d'imprimer en toute sécurité leurs clés privées et leurs adresses publiques. Les portefeuilles papier sont également simples à utiliser car les données requises peuvent être enregistrées sous forme physique et conservées dans un emplacement sécurisé.

En gardant les clés privées hors ligne, les portefeuilles papier offrent de véritables capacités de stockage à froid. Le risque de vulnérabilités numériques liées au portefeuille en ligne et aux échanges est supprimé par ce stockage hors ligne. Les utilisateurs peuvent maximiser la sécurité de leurs actifs de crypto-monnaie en stockant en toute sécurité leurs portefeuilles papier dans des lieux physiques comme des coffres-forts ou des coffres-forts.

Il est important de travailler dans un environnement sûr et fiable lors de la création d'un portefeuille papier. Il est essentiel d'utiliser des outils hors ligne fiables et de vérifier la fiabilité du logiciel. Les utilisateurs sont responsables de s'assurer que leur système d'exploitation et leur imprimante sont sécurisés et exempts de logiciels malveillants. La sécurité du portefeuille papier imprimé doit également être assurée grâce à une gestion minutieuse, par exemple en le protégeant contre tout dommage physique ou tout accès non autorisé.

La duplication du portefeuille papier est essentielle pour la sauvegarde et la redondance. Les utilisateurs devraient penser à imprimer plusieurs copies du portefeuille papier et à les conserver en toute sécurité à divers endroits de leur maison. Cette procédure garantit qu'il existe toujours des copies de sauvegarde disponibles au cas où une copie serait détruite, perdue ou compromise, permettant ainsi de récupérer les fonds.

Les portefeuilles papier offrent une sécurité exceptionnelle, mais ils présentent également certains inconvénients. Les clés privées doivent être importées dans un portefeuille logiciel ou matériel afin d'accéder aux fonds de cryptomonnaie conservés dans un portefeuille papier. Les utilisateurs doivent comprendre les risques et les difficultés potentiels impliqués dans cette procédure, souvent appelée « balayer » le portefeuille, et la suivre attentivement. Compte tenu de leur nature physique et de la nécessité de les protéger contre tout dommage ou perte, les portefeuilles papier ne pourraient pas être aussi portables que les autres types de portefeuilles.

Pour la conservation à long terme d'actifs de crypto-monnaies importants qui ne sont pas fréquemment consultés, les portefeuilles papier sont excellents. En gardant les clés privées hors ligne et à l'abri des dangers en ligne, elles offrent le plus haut niveau de protection. Les utilisateurs doivent s'assurer qu'ils produisent des portefeuilles papier avec des outils hors ligne réputés, les manipulent et les conservent en toute sécurité, et effectuent plusieurs sauvegardes dans divers emplacements physiques. Il est essentiel de comprendre les dangers et les difficultés liés à l'importation de clés privées à partir d'un portefeuille papier et de faire preuve de prudence lors de l'accès aux fonds.

Les portefeuilles papier offrent aux propriétaires de bitcoins une option de stockage sécurisée et hors ligne pour leurs actifs numériques, garantissant ainsi leur protection. Les portefeuilles papier assurent la sécurité dans l'écosystème des crypto-monnaies en raison de leurs avantages de sécurité uniques, de leur simplicité de création et de leurs capacités réelles de stockage à froid. Pour maximiser la sécurité, les utilisateurs doivent suivre les meilleures pratiques dans la création, la gestion, la sauvegarde et la procédure d'accès aux fonds. Les gens sont mieux équipés pour faire des choix judicieux et protéger en toute confiance leurs investissements en bitcoins lorsqu'ils connaissent les fonctions et les considérations de sécurité des portefeuilles papier.

CHAPITRE V

Acheter, vendre et utiliser Bitcoin

Comment et où acheter du Bitcoin

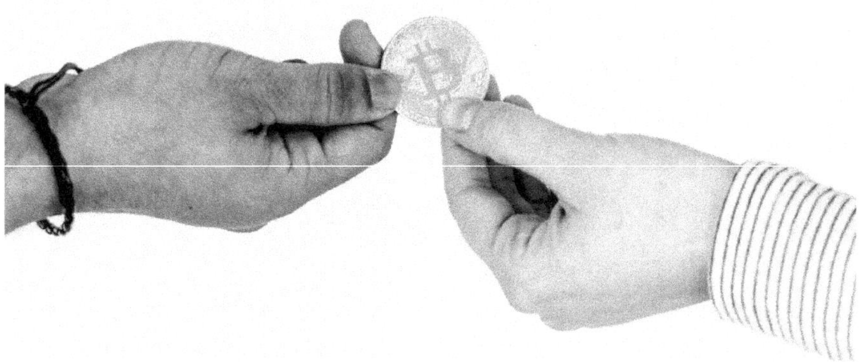

La crypto-monnaie pionnière, Bitcoin, est devenue incroyablement populaire ces dernières années. Comprendre les différentes plateformes et techniques d'achat de Bitcoin est crucial pour toute personne intéressée. Cette section propose un didacticiel détaillé sur où et comment acheter du Bitcoin. Il examine les nombreuses options, notamment les réseaux peer-to-peer, les échanges de crypto-monnaies et les guichets automatiques Bitcoin. Les gens peuvent naviguer confortablement sur le marché du Bitcoin et prendre des décisions judicieuses s'ils ont une compréhension complète du processus d'achat et des plateformes impliquées.

Les marchés en ligne appelés échanges de crypto-monnaies facilitent l'acquisition et la vente d'actifs numériques comme le Bitcoin. Ils offrent un moyen simple et pratique de pénétrer dans le secteur des crypto-monnaies. Il est important de sélectionner une plateforme d'échange fiable, en tenant compte d'aspects tels que la réputation, les précautions de sécurité, l'expérience utilisateur et les méthodes de paiement acceptées. Avant de passer un ordre d'achat, qui peut être exécuté rapidement ou passé sous forme d'ordre limité, un compte doit être créé et son identité vérifiée. Les échanges de crypto-monnaies offrent une variété de fonctionnalités et d'alternatives de trading pour répondre à différentes préférences.

Sans l'aide d'un échange centralisé, les acheteurs et les vendeurs peuvent échanger des Bitcoins directement à l'aide de plateformes peer-to-peer (P2P). Ces plateformes offrent plus de flexibilité et de confidentialité. Les considérations pour la sélection d'une plate-forme P2P fiable incluent les avis des utilisateurs, les services de dépôt fiduciaire, les procédures de résolution des litiges et les mesures de sécurité. Les utilisateurs peuvent s'inscrire, vérifier leur identification, consulter les annonces et négocier les conditions avec les vendeurs. Afin d'organiser le paiement et le transfert de Bitcoin du séquestre vers le portefeuille de l'acheteur, la communication est essentielle.

Des machines physiques appelées guichets automatiques Bitcoin permettent aux consommateurs d'acheter du Bitcoin en espèces ou avec une carte de débit ou de crédit. Les ressources en ligne proposant des cartes et des répertoires détaillés peuvent être utilisées pour localiser un guichet automatique Bitcoin. Pour utiliser un guichet automatique Bitcoin, vous devez d'abord trouver celui le plus proche, choisir l'option « Acheter Bitcoin », saisir le montant nécessaire, fournir une adresse de portefeuille Bitcoin, puis payer en espèces ou par carte de crédit. Le Bitcoin acheté est ensuite envoyé vers le portefeuille désigné.

Il existe diverses considérations de sécurité et bonnes pratiques qui doivent être suivies pour garantir une expérience d'achat de Bitcoin sans risque. Il s'agit notamment de l'adoption de mots de passe forts, de l'activation d'une authentification à deux facteurs et de la protection des portefeuilles Bitcoin personnels auprès de fournisseurs fiables. Avant d'effectuer un achat, les plateformes doivent faire l'objet d'une enquête approfondie afin de trouver des plateformes fiables et dignes de confiance. Pour profiter de mesures de sécurité améliorées, les portefeuilles et les plateformes de trading doivent régulièrement mettre à jour leurs logiciels et micrologiciels. Le maintien d'un environnement sécurisé nécessite une formation continue et le respect des procédures de sécurité les plus récentes de l'industrie du Bitcoin.

Il est important de peser soigneusement vos options lors de l'achat de Bitcoin et d'être conscient des procédures impliquées. Différentes façons d'acheter du Bitcoin sont disponibles, chacune avec ses propres avantages et considérations, notamment les réseaux peer-to-peer, les guichets automatiques Bitcoin et les échanges de crypto-monnaies. Les gens peuvent entrer en toute confiance dans le monde de la possession de Bitcoin en choisissant des plateformes fiables, en effectuant les vérifications requises et en mettant en œuvre les meilleures mesures de sécurité. Une expérience d'achat de Bitcoin sûre et satisfaisante dépend de la nécessité de rester informé, de s'adapter à l'évolution des mesures de sécurité et de s'éduquer continuellement. Il est essentiel d'aborder les achats de Bitcoin avec prudence, recherche et engagement en matière de protection personnelle à mesure que l'industrie des cryptomonnaies continue de se développer.

Vendre du Bitcoin : plateformes et processus

La première crypto-monnaie, Bitcoin, est devenue incroyablement populaire ces dernières années. Comprendre la procédure de vente de Bitcoin est essentiel car de plus en plus de personnes et d'entreprises utilisent cet actif numérique. Cette section examinera les plates-formes et les procédures impliquées dans la vente de Bitcoin afin d'aider les lecteurs à prendre des décisions judicieuses et à naviguer avec succès sur le marché des crypto-monnaies.

Comprendre les principes fondamentaux du Bitcoin est crucial avant de commencer à le vendre. Blockchain, un réseau décentralisé qui sous-tend Bitcoin, enregistre chaque transaction en toute sécurité et ouvertement. Il peut être acheté, échangé et échangé en utilisant une variété de canaux et de marchés et n'existe que sous forme numérique.

Les plateformes les plus populaires pour vendre du Bitcoin sont les bourses de crypto-monnaies. Ces marchés en ligne facilitent l'achat et le commerce de Bitcoin et d'autres crypto-monnaies. Les bourses bien connues Coinbase, Binance, Kraken et Bitstamp ne sont que quelques exemples. Les considérations pour la sélection d'une bourse incluent ses protocoles de sécurité, ses frais, sa liquidité, les pays pris en charge et sa convivialité.

Les plateformes peer-to-peer (P2P) éliminent le besoin d'une bourse de jouer le rôle d'intermédiaire en mettant en contact direct acheteurs et vendeurs. Deux plateformes P2P bien connues sont LocalBitcoins et Paxful. Ils offrent une variété d'alternatives de paiement, notamment les virements bancaires, les dépôts en espèces et les cartes-cadeaux, et offrent un espace sécurisé permettant aux personnes d'échanger des Bitcoins. Dans les transactions P2P, il est essentiel de faire preuve de prudence et de confirmer la légitimité de la contrepartie.

Les utilisateurs doivent normalement créer un compte sur leur plateforme préférée afin de vendre du Bitcoin. Cela implique de fournir des données personnelles, de compléter des processus de vérification d'identité, ou KYC, et de créer un mot de passe fort. Selon la plateforme et la juridiction, différentes exigences KYC peuvent s'appliquer.

Il est essentiel de disposer d'un portefeuille numérique pour stocker et envoyer du Bitcoin avant de le vendre. Les portefeuilles peuvent être basés sur le Web (Coinbase Wallet, MyEtherWallet), logiciels (Electrum, Exodus) ou matériels (Ledger, Trezor). Protéger ses actifs numériques nécessite de sélectionner un portefeuille fiable et sécurisé.

Le processus de vente peut commencer après la création du portefeuille et du compte. Les utilisateurs se rendent souvent dans la zone « Vendre » ou « Échanger » d'un échange de crypto-monnaies, choisissent Bitcoin comme actif, saisissent la quantité ou le prix requis, puis vérifient les détails de la transaction. Les vendeurs peuvent publier des annonces sur les sites P2P indiquant la quantité de Bitcoin qu'ils proposent à la vente, le mode de paiement préféré et toute autre condition.

La plateforme relie l'offre du vendeur aux acheteurs potentiels après le début de la transaction. Sur les bourses, la transaction s'effectue sur la plateforme elle-même, la bourse servant d'intermédiaire pour accélérer la procédure. Les systèmes P2P mettent en relation des acheteurs et des vendeurs potentiels, et la discussion et le processus transactionnel se déroulent directement entre les parties.

Une fois qu'un acheteur a été identifié et qu'un accord a été conclu, l'acheteur utilise la méthode préférée pour effectuer le paiement. Cela peut impliquer des transactions en espèces, des virements bancaires ou des systèmes de paiement en ligne comme PayPal et Venmo. Habituellement, le vendeur reçoit l'argent directement dans son portefeuille désigné ou sur son compte sur la plateforme. Avant d'envoyer au client son Bitcoin, il est crucial de confirmer que l'argent a bien été reçu.

Vendre du Bitcoin comporte le risque d'être la cible d'escroqueries, de fraudes et de tentatives de piratage. Les utilisateurs doivent activer l'authentification à deux facteurs (2FA) pour leurs comptes, mettre à jour fréquemment leur logiciel de portefeuille et faire preuve de prudence lorsqu'ils interagissent avec des inconnus afin de réduire ces risques. Il est essentiel d'utiliser des plateformes fiables dotées de mesures de sécurité robustes et de stocker Bitcoin dans un portefeuille sécurisé.

La vente de Bitcoin pourrait entraîner des obligations fiscales, selon les pays. Pour garantir la conformité, il est essentiel de parler avec des experts fiscaux ou de se familiariser avec les lois fiscales pertinentes. En étant conscients des implications juridiques des transactions en crypto monnaies, les vendeurs peuvent éviter d'éventuels problèmes juridiques.

Avec la possibilité d'échanger des actifs numériques contre de la monnaie fiduciaire ou d'autres investissements, la vente de Bitcoin est devenue un élément crucial de l'écosystème des crypto-monnaies. Les gens peuvent naviguer en toute confiance dans le monde des ventes de Bitcoin en choisissant la plateforme appropriée, en comprenant la procédure de vente et en mettant en place les mesures de sécurité essentielles. La rentabilité des transactions Bitcoin dépendra de votre capacité à rester informé et à vous adapter aux changements à mesure que le marché des crypto-monnaies se développe.

Utiliser Bitcoin pour les transactions : Où et comment ?

La première monnaie numérique décentralisée au monde, Bitcoin, s'est révélée être une alternative compétitive aux institutions financières établies. Un nombre croissant de personnes et d'entreprises cherchent à effectuer des transactions en utilisant Bitcoin en raison de sa popularité croissante. Afin de mieux comprendre où, quand et comment utiliser Bitcoin pour les transactions, cette section fournira des détails sur les plateformes, les entreprises et les procédures impliquées.

La valeur est transférée d'une adresse Bitcoin à une autre lors d'une transaction Bitcoin. La blockchain, un registre public décentralisé qui garantit la transparence et l'immuabilité, contient les enregistrements de ces transactions. Il y a des entrées (sources de financement) et des sorties (destinataires du financement) dans chaque transaction. Pour bien comprendre les complexités de l'utilisation du Bitcoin pour les transactions, il est essentiel de comprendre la structure des transactions Bitcoin.

Les particuliers ont besoin d'un portefeuille numérique qui leur permet d'envoyer et de recevoir du Bitcoin afin d'utiliser Bitcoin pour des transactions. Des adresses Bitcoin uniques sont créées par les portefeuilles et servent de lieux d'envoi et de réception de fonds. Chaque adresse est composée d'une clé privée (utilisée pour signer les transactions) et d'une clé publique (adresse), qui forment ensemble une paire de clés cryptographiques. Les portefeuilles matériels, les portefeuilles logiciels et les portefeuilles Web ne sont que quelques-uns des nombreux types de portefeuilles disponibles.

De plus en plus de détaillants en ligne acceptent désormais le Bitcoin comme mode de paiement. Les entreprises peuvent utiliser Bitcoin via des intégrations et des plugins de plateformes de commerce électronique telles que Shopify et WooCommerce. Les clients peuvent également utiliser Bitcoin pour effectuer des achats en ligne auprès de marchands réputés tels que Microsoft, Overstock et Newegg. Les processeurs de paiement comme BitPay et CoinGate aident les commerçants à accepter les paiements Bitcoin et, si nécessaire, à convertir Bitcoin en devises conventionnelles.

Bien que cela soit encore rare, plusieurs magasins physiques et entreprises acceptent désormais le Bitcoin comme moyen de paiement. Les restaurants, cafés, bars et magasins de détail peuvent annoncer les codes QR de paiement Bitcoin ou accepter les paiements à l'aide de terminaux de paiement dédiés. Les annuaires prenant en charge Bitcoin, comme Coinmap et Airbitz, proposent des cartes et des listes d'entreprises physiques acceptant Bitcoin.

L'achat de cartes-cadeaux ou de bons avec Bitcoin est une autre option pour effectuer des transactions avec celui-ci. Une variété de cartes-cadeaux de détaillants renommés sont disponibles sur des sites Web comme eGifter et Gyft, permettant aux utilisateurs d'acheter indirectement des biens et des services dans ces magasins en utilisant Bitcoin. Lorsqu'une transaction est effectuée, ces plateformes servent d'intermédiaires, transformant le Bitcoin en cartes cadeaux.

Les gens doivent d'abord créer un portefeuille numérique avant d'utiliser Bitcoin pour des transactions. Cela implique de sélectionner un type de portefeuille (matériel, logiciel ou web), de créer un compte conformément aux instructions du fournisseur de portefeuille et de sécuriser la ou les clés privées créées. L'interface conviviale qu'offrent normalement les portefeuilles permet aux utilisateurs de surveiller leurs soldes Bitcoin, de créer des adresses et de démarrer des transactions.

L'expéditeur a besoin de l'adresse Bitcoin du destinataire pour effectuer une transaction Bitcoin. Le destinataire peut envoyer un code QR ou un groupe de caractères alphanumériques comme adresse Bitcoin. L'expéditeur saisit l'adresse du destinataire et le montant Bitcoin demandé dans l'interface de transaction de son portefeuille. Ensuite, une transaction est créée par le logiciel de portefeuille, signée numériquement avec la clé privée de l'expéditeur et diffusée sur le réseau Bitcoin.

Une transaction est diffusée puis entre dans le memolo du réseau Bitcoin en attente de confirmation. La transaction est ajoutée au bloc par les mineurs, qui protègent le réseau, en résolvant des énigmes mathématiques difficiles. La transaction est réputée terminée une fois qu'elle a été vérifiée et incluse dans un bloc. En fonction de la congestion du réseau, les délais de confirmation varient ; souvent, des prix plus élevés conduisent à une confirmation plus rapide.

Les frais de transaction sont une composante courante des transactions Bitcoin, ce qui motive les mineurs à inclure rapidement la transaction dans un bloc. En fonction de la congestion du réseau et de la vitesse de transaction souhaitée, les frais de transaction peuvent varier. Les utilisateurs peuvent généralement sélectionner le niveau de frais dans les portefeuilles numériques en fonction de leurs préférences.

La volatilité du prix du Bitcoin rend difficile son utilisation comme moyen d'échange. Lorsqu'ils effectuent des transactions avec Bitcoin, les clients et les commerçants doivent se méfier des fluctuations des taux de change. Pour résoudre ce problème, les processeurs de paiement et les portefeuilles proposent fréquemment des taux de conversion en temps réel.

Lorsque vous utilisez Bitcoin pour des transactions, la sécurité et la confidentialité doivent primer. Les utilisateurs doivent suivre les pratiques recommandées, notamment protéger leurs clés privées, utiliser des portefeuilles dotés de niveaux de sécurité élevés et se méfier des escroqueries par phishing et des logiciels nuisibles. De plus, étant donné que les informations sur les transactions sont visibles sur la blockchain publique, la nature pseudonyme de Bitcoin présente des problèmes de confidentialité.

Différentes juridictions ont des environnements réglementaires différents régissant les transactions Bitcoin. Pour garantir la conformité, les utilisateurs doivent se familiariser avec les lois et règles pertinentes, en particulier celles relatives à la fiscalité, au transfert d'argent et aux procédures de lutte contre le blanchiment d'argent.

Grâce à sa capacité à faciliter des transactions sans frontières, sécurisées et décentralisées, Bitcoin est devenu une force perturbatrice dans le secteur financier. Les gens peuvent profiter des avantages de cette monnaie numérique en comprenant les principes fondamentaux des transactions Bitcoin, en déterminant où Bitcoin est accepté et en suivant les procédures nécessaires pour utiliser Bitcoin pour les transactions. Malgré les difficultés et les inquiétudes, l'émergence du Bitcoin en tant que méthode de paiement pratique est motivée par l'adoption et l'innovation continue au sein de la communauté Bitcoin.

CHAPITRE VI

Trading et investissement Bitcoin

Bitcoin comme investissement : avantages et inconvénients

La première crypto-monnaie décentralisée au monde, Bitcoin, a suscité beaucoup d'intérêt en tant qu'investissement potentiel. Il a attiré des individus et des institutions à la recherche de perspectives de diversification et d'expansion en raison de ses qualités distinctives, notamment une offre restreinte, une décentralisation et la possibilité de rendements importants. L'objectif de cette section est d'examiner les avantages et les inconvénients du Bitcoin en tant qu'investissement, en décrivant ses avantages ainsi que ses inconvénients.

Blockchain, un réseau décentralisé qui sous-tend Bitcoin, enregistre chaque transaction en toute sécurité et ouvertement. Bitcoin est un actif numérique qui peut être acheté, détenu et éventuellement vendu dans un but lucratif en tant qu'investissement. Il s'agit d'un choix d'investissement unique en raison de sa rareté, de son caractère divisible et de sa fongibilité.

L'historique des prix du Bitcoin a été caractérisé par des périodes de volatilité et d'augmentation des prix notables. Bitcoin a connu à la fois une croissance rapide et des pertes spectaculaires depuis son introduction, ce qui en fait un investissement attrayant mais risqué. Pour évaluer le potentiel du Bitcoin en tant qu'actif d'investissement, il est essentiel de comprendre ses performances historiques.

La possibilité de rendements importants est l'une des principales raisons pour lesquelles les gens investissent dans Bitcoin. En raison de sa nature volatile, le prix du Bitcoin a considérablement augmenté au fil du temps, offrant un potentiel de récompenses importantes à la fois pour les premiers utilisateurs et les détenteurs à long terme.

En raison du faible lien entre Bitcoin et les classes d'actifs conventionnelles comme les actions et les obligations, la diversification est possible. Lorsque les marchés traditionnels échouent, l'inclusion de Bitcoin dans un portefeuille d'investissement peut contribuer à réduire le risque total du portefeuille et éventuellement à augmenter les rendements.

Grâce à la structure décentralisée de Bitcoin, les investisseurs peuvent simplement accéder au marché. L'investissement dans Bitcoin est ouvert à toute personne disposant d'une connexion Internet et d'un portefeuille numérique. De plus, Bitcoin fonctionne partout dans le monde, donnant aux investisseurs l'accès à un vaste marché liquide ouvert 24h/24 et 7j/7.

Le Bitcoin constitue une protection souhaitable contre l'inflation et la volatilité économique en raison de sa quantité limitée et de sa structure décentralisée. Certains investisseurs considèrent Bitcoin comme une réserve de valeur qui pourrait conserver son pouvoir d'achat au fil du temps lorsque les gouvernements et les banques centrales entreprendront des politiques monétaires expansionnistes.

Pour les investisseurs, la volatilité du Bitcoin est une préoccupation majeure. Les fluctuations des prix peuvent être importantes et rapides, ce qui peut entraîner des pertes pour les personnes non préparées ou qui ne gèrent pas bien les risques. Une forte volatilité peut potentiellement décourager les investissements institutionnels et une adoption généralisée.

L'environnement réglementaire dans lequel Bitcoin fonctionne est encore en développement. Les investisseurs peuvent être exposés à des risques en raison de l'incertitude entourant les règles gouvernementales, les taxes et les cadres juridiques. La valeur et l'applicabilité du Bitcoin en tant qu'actif d'investissement peuvent être affectées par des changements de réglementation ou des actions gouvernementales défavorables.

La demande du marché est ce qui détermine en fin de compte la valeur du Bitcoin. Bitcoin n'a pas de valeur intrinsèque dérivée des actifs sous-jacents ou des flux de trésorerie, contrairement aux investissements conventionnels comme les actions ou l'immobilier. En raison de l'influence considérable des émotions et de l'acceptation du marché sur sa valeur, il est sujet aux bulles spéculatives et aux changements de prix inattendus.

La sécurité des investissements Bitcoin est en danger. Étant donné que Bitcoin est stocké numériquement, il existe toujours une possibilité qu'il soit volé, piraté ou utilisé dans une arnaque. Les investisseurs doivent accorder une grande priorité aux mesures de sécurité efficaces, notamment en utilisant des portefeuilles fiables, en utilisant l'authentification à deux facteurs et en étant à l'affût des escroqueries par phishing et autres stratagèmes frauduleux.

Les investisseurs qui envisagent Bitcoin devraient faire des recherches et faire preuve de prudence. Se familiariser avec la technologie Bitcoin, la dynamique du marché et les risques potentiels est essentiel avant d'investir de l'argent dans cette classe d'actifs. Faire des choix d'investissement judicieux nécessite de se tenir au courant des tendances du marché, des changements législatifs et de l'actualité du secteur.

Les investisseurs doivent examiner attentivement leur tolérance au risque et ne consacrer qu'une fraction de leur portefeuille au Bitcoin en raison de sa volatilité. L'investissement dans un seul actif, tel que Bitcoin, comporte certains risques qui peuvent être réduits par une diversification entre différentes classes d'actifs.

Avoir une vision à long terme est nécessaire lorsqu'on investit dans le Bitcoin. Les avantages potentiels à long terme du maintien du Bitcoin comme actif d'investissement ne doivent pas être éclipsés par la volatilité des prix à court terme et le sentiment du marché. Investir avec patience et discipline peut vous aider à traverser la volatilité de ce marché.

L'enthousiasme et le scepticisme ont tous deux été générés par le développement du Bitcoin en tant que forme d'investissement. Bitcoin est un investissement attrayant en raison de son potentiel de rendements élevés, de ses avantages en matière de diversité, d'accessibilité et de couverture contre l'inflation. Mais étant donné sa volatilité, ses problèmes réglementaires, son manque de valeur intrinsèque et ses préoccupations en matière de sécurité, il est important de faire preuve de prudence lors de la prise de décisions et de la gestion des risques. Lorsqu'ils envisagent Bitcoin comme élément de leur stratégie d'investissement, les investisseurs doivent évaluer les avantages et les inconvénients, effectuer des recherches approfondies et faire preuve de prudence, comme pour tout autre investissement.

Trading Bitcoin : trading au comptant, contrats à terme, options

La crypto-monnaie pionnière, Bitcoin, est devenue un actif commercial très populaire. Son extrême volatilité, sa liquidité et sa possibilité de rendements importants attirent les traders du monde entier. L'objectif de cette section est d'examiner les différentes stratégies de trading Bitcoin, avec un accent particulier sur le trading au comptant, les contrats à terme et les contrats d'options. Comprendre ces instruments de trading permet aux traders de naviguer sur le marché du Bitcoin et de prendre des décisions basées sur leurs objectifs de trading.

Le trading de Bitcoin implique l'achat et la vente de monnaie numérique avec l'intention de profiter des fluctuations de prix. L'objectif des traders est de prévoir l'évolution du prix du Bitcoin et d'effectuer des transactions dans cette direction. Étant donné que le trading de Bitcoin est disponible 24h/24 et 7j/7, contrairement aux marchés financiers traditionnels, les traders peuvent profiter des changements de prix à chaque fois qu'ils se produisent.

Divers acteurs du marché, notamment des commerçants de détail, des investisseurs institutionnels, des hedge funds et des sociétés de trading algorithmique, sont impliqués sur le marché du Bitcoin. L'accessibilité et la liquidité du marché attirent une grande variété de traders, ce qui contribue à créer un écosystème commercial prospère.

L'achat ou la vente de Bitcoin pour une livraison immédiate est appelé trading au comptant, et le règlement a lieu « sur place ». Dans le trading au comptant, les participants acquièrent la propriété de l'actif numérique en achetant ou en vendant du Bitcoin réel. La méthode la plus simple et la plus fréquente pour échanger du Bitcoin consiste à utiliser les marchés au comptant, qui incluent l'échange de Bitcoin contre de la monnaie fiduciaire ou d'autres crypto-monnaies.

La majorité des échanges au comptant ont lieu sur les bourses Bitcoin. Ces plateformes offrent une zone de marché où les vendeurs et les acheteurs peuvent soumettre des commandes et effectuer des transactions. Les échanges spot bien connus incluent Coinbase, Binance, Kraken et Bitstamp. Pour répondre aux demandes des différents traders, les bourses au comptant offrent une variété de fonctionnalités, telles que les types d'ordres, les paires de trading et les niveaux de liquidité.

Les méthodes de trading telles que le day trading, le swing trading et la détention à long terme sont toutes possibles avec le trading au comptant. Pour trouver des positions d'entrée et de sortie probables, les traders peuvent utiliser des outils d'analyse technique, notamment des graphiques de prix, des indicateurs et des lignes de tendance. Les stratégies de trading au comptant peuvent également être influencées par la recherche fondamentale, qui implique l'évaluation de l'actualité, du sentiment du marché et des changements réglementaires.

Les contrats à terme sur Bitcoins sont des produits dérivés qui permettent aux traders de parier sur le prix futur de la monnaie numérique. Les contrats à terme sont un engagement à acheter ou à vendre du Bitcoin à un prix et à un moment précis dans le futur. Le trading de contrats à terme sur Bitcoin permet aux investisseurs de profiter à la fois de la hausse et de la baisse des valeurs du Bitcoin en prenant des positions longues (achat) et courtes (vente).

Sur des plateformes de contrats à terme spécialisées telles que le Chicago Mercantile Exchange (CME) et l'Intercontinental Exchange (ICE), les transactions à terme sur Bitcoin sont effectuées. La négociation de contrats à terme Bitcoin peut s'effectuer dans une atmosphère contrôlée sur ces bourses. Pour accéder à ces marchés, les traders doivent d'abord créer un compte auprès d'un courtier à terme.

La disponibilité de l'effet de levier, qui permet aux traders de détenir une position plus importante avec un montant de fonds inférieur, est l'une des principales caractéristiques du trading à terme Bitcoin. L'effet de levier augmente la probabilité de gains et de pertes. Le trading de contrats à terme Bitcoin utilise fréquemment le trading sur marge, qui consiste à emprunter de l'argent pour ouvrir des positions à terme. Cependant, en raison du risque élevé lié au trading avec effet de levier et sur marge, les traders doivent procéder avec prudence.

Les contrats à terme sur Bitcoin peuvent être utilisés pour gérer les risques. Les opérateurs de couverture peuvent utiliser des contrats à terme pour se protéger contre la volatilité des prix, protégeant ainsi leurs opérations des changements de prix défavorables, comme les mineurs de Bitcoin ou les entreprises qui acceptent les paiements Bitcoin.

Les contrats d'options Bitcoin donnent aux investisseurs la possibilité, mais pas l'obligation, d'acheter ou de vendre du Bitcoin à un prix prédéterminé (prix d'exercice) dans un délai prédéterminé (date d'expiration). Les options permettent aux traders d'être flexibles dans leurs stratégies de trading en leur permettant de prédire les changements de prix ou de défendre leurs positions actuelles.

La négociation d'options Bitcoin s'effectue sur des bourses d'options spécialisées telles que Deribit et LedgerX. Ces plateformes donnent aux traders l'accès à un marché où ils peuvent acheter et vendre des contrats d'options. Semblable au trading à terme, l'ouverture d'un compte auprès d'un courtier d'options est nécessaire pour que les traders puissent accéder à ces marchés.

L'achat d'options d'achat (parier sur l'augmentation des prix), l'achat d'options de vente (parier sur la baisse des prix) et la vente d'options (générer des revenus grâce à la collecte des primes) ne sont que quelques-unes des stratégies que les traders peuvent utiliser lorsqu'ils négocient des options Bitcoin. Lorsqu'ils utilisent des méthodes d'options, les traders doivent soigneusement prendre en compte leur tolérance au risque, leur horizon temporel et leurs prévisions de marché.

La forte volatilité du Bitcoin présente à la fois des opportunités et des risques pour les investisseurs. Des changements rapides de prix peuvent entraîner des gains ou des pertes substantiels. Les risques liés au trading sur un marché volatil doivent être gérés et minimisés par les traders.

Le respect de la réglementation pourrait être nécessaire lors de la négociation de contrats à terme et d'options Bitcoin. Pour éviter les problèmes juridiques, les commerçants doivent s'assurer qu'ils connaissent et respectent toutes les législations applicables dans leur région.

Pour protéger leurs fonds et réduire les pertes potentielles, les traders doivent créer de solides plans de gestion des risques. Une gestion efficace des risques nécessite une évaluation précise des risques, un dimensionnement des positions et la mise en œuvre d'ordres stop-loss. Un trading réussi nécessite également une formation continue et le fait de suivre l'évolution du marché.

Il existe diverses opportunités dans le trading de Bitcoin pour permettre aux traders de profiter des changements de prix sur le marché des crypto-monnaies. La propriété directe du Bitcoin peut être obtenue via le trading au comptant sur les bourses de crypto-monnaie, mais le trading de contrats à terme et d'options fournit des instruments dérivés pour la spéculation et la gestion des risques. Avant de démarrer une stratégie de trading Bitcoin, les traders doivent analyser soigneusement leurs objectifs de trading, leur tolérance au risque et leur expertise du marché. Chaque stratégie de trading a ses propres avantages et considérations. Les traders peuvent naviguer sur le marché Bitcoin avec plus de confiance et prendre des décisions commerciales judicieuses en étant conscients des mécanismes du trading au comptant, des contrats à terme et des contrats d'options.

Stratégies pour investir dans Bitcoin : HODL, trading, moyenne des coûts en dollars

La crypto-monnaie la plus populaire au monde, Bitcoin, est devenue une option d'investissement souhaitable pour ceux qui cherchent à diversifier leurs portefeuilles et à profiter de sa croissance future. Cependant, il est nécessaire de peser soigneusement les différentes approches avant d'investir dans Bitcoin. Cette section examine trois méthodes très appréciées d'achat de Bitcoin : le trading, la moyenne des coûts en dollars et le HOLDing (détention à long terme). Les investisseurs peuvent faire des choix éclairés et conformes à leurs objectifs d'investissement et à leur tolérance au risque en connaissant ces techniques.

L'approche HOLD est basée sur la notion de détention de Bitcoin pendant une période prolongée dans l'espoir que sa valeur augmentera avec le temps. Les HODLers ont repoussé l'envie de vendre lors de brèves fluctuations du marché et se sont concentrés sur le potentiel à long terme du Bitcoin.

HOLDing est motivé par la conviction que l'offre de Bitcoin est limitée et que son prix augmentera à l'avenir. L'objectif des HODLers est de capitaliser sur des rendements potentiels importants à long terme en conservant Bitcoin pendant une longue période. L'idée que la valeur du Bitcoin continuera à s'apprécier au fil du temps est à la base de cette stratégie.

HOLDing comporte cependant certains risques. En raison de la volatilité du Bitcoin, il existe un risque de pertes pour les HODLers qui ne gèrent pas soigneusement leurs actifs lors de fluctuations de prix importantes. Un HOLDing réussi nécessite un contrôle émotionnel, une réflexion à long terme et la capacité de résister aux ralentissements du marché.

Le trading de Bitcoin implique l'achat et la vente agressifs de monnaie numérique afin de bénéficier de changements de prix rapides. Pour déterminer les opportunités probables d'entrée et de sortie pour leurs transactions, les traders examinent les tendances du marché, les indicateurs techniques et d'autres éléments.

Les stratégies de trading se présentent sous diverses formes, telles que le scalping, le swing trading et le day trading. Les day traders effectuent de nombreuses transactions en une seule journée pour profiter de légères fluctuations de prix. Les swing traders tentent de profiter des fluctuations de prix à moyen terme en conservant leurs positions pendant quelques jours ou plusieurs semaines. Les scalpers gagnent de l'argent grâce à de légères différences de prix en concluant de nombreuses transactions rapides.

Le trading de Bitcoin implique la maîtrise de l'analyse technique, une gestion stricte des risques et une surveillance continue du marché. Le risque doit être soigneusement géré, les techniques de trading doivent être développées et les traders doivent être prêts à accepter d'éventuelles pertes. Un trading réussi nécessite un contrôle émotionnel, un apprentissage tout au long de la vie et une adaptation aux conditions du marché.

Quel que soit le prix du Bitcoin, un investisseur utilise la technique d'investissement Dollar-Cost Averaging (DCA) pour acheter systématiquement une quantité définie de crypto-monnaies au fil du temps. Les investisseurs peuvent acheter plus de Bitcoin lorsque les prix sont bas et moins lorsque les prix sont élevés en investissant régulièrement un montant fixe.

Avec DCA, il n'est plus nécessaire de chronométrer le marché et il y a moins de risques associés à la réalisation d'investissements importants à des prix défavorables. En leur permettant de faire la moyenne de leur prix d'achat au fil du temps, les investisseurs peuvent potentiellement atténuer les effets de la volatilité des marchés à court terme. En utilisant une stratégie disciplinée comme DCA, les investisseurs peuvent participer à la croissance à long terme du Bitcoin.

La taille de l'investissement, la fréquence des achats et la durée de la période d'investissement sont autant d'éléments pris en compte par DCA. Dans certaines formes de DCA, le montant de l'investissement est augmenté en cas de ralentissement du marché, ou l'approche est modifiée en réponse aux conditions du marché.

Lorsqu'ils décident d'une stratégie d'investissement Bitcoin, les investisseurs doivent tenir compte de leur horizon temporel, de leurs objectifs d'investissement et de leur tolérance au risque. Le HOLDing convient aux investisseurs à long terme capables de gérer la volatilité des marchés, tandis que le trading nécessite une participation active et des capacités de gestion des risques. Pour les investisseurs recherchant une exposition à long terme au Bitcoin, le DCA est une technique plus passive.

Des procédures spécifiques de gestion des risques doivent être mises en place pour la stratégie sélectionnée. Cela implique d'établir des objectifs d'investissement raisonnables, de diversifier les placements et d'utiliser des ordres stop-loss lors des transactions. Une gestion efficace des risques nécessite des examens réguliers du portefeuille, une formation continue et une tenue au courant des évolutions du marché.

Les implications juridiques et réglementaires de l'investissement dans Bitcoin, telles que la fiscalité, les exigences de déclaration et le respect des règles locales, doivent également être prises en compte par les investisseurs. Afin de garantir le respect des règles et de prévenir les problèmes juridiques, il est essentiel de comprendre le système juridique de sa juridiction.

Investir dans le Bitcoin présente des possibilités de développement et de diversité. Le HOLDing, le trading et la moyenne des coûts en dollars sont trois techniques différentes qui peuvent être utilisées en fonction de la tolérance au risque et des préférences de l'investisseur. Contrairement au trading, qui cherche à profiter des fluctuations de prix à court terme, le DCA propose une approche disciplinée pour accumuler progressivement du Bitcoin. Chaque technique présente des avantages, des difficultés et des considérations uniques en matière de gestion des risques. Les investisseurs peuvent naviguer sur le marché du Bitcoin et faire des choix d'investissement judicieux en analysant soigneusement ces stratégies et en les faisant correspondre à leurs objectifs d'investissement.

CHAPITRE VII

Gestion des risques dans l'investissement Bitcoin

Comprendre la volatilité et les risques de marché

En raison de son potentiel de rendement élevé, Bitcoin, la première crypto-monnaie, a beaucoup attiré l'attention en tant qu'instrument d'investissement. Les investisseurs doivent cependant comprendre et évaluer correctement les risques de marché et la volatilité du Bitcoin. L'objectif de cette section est de donner aux lecteurs une compréhension approfondie du risque de marché et de la volatilité lorsqu'ils investissent dans Bitcoin. Les investisseurs peuvent prendre des décisions éclairées et gérer avec succès les risques liés à l'investissement dans Bitcoin en étant conscients de ces problèmes.

Des changements de prix rapides et importants sur le marché des cryptomonnaies définissent la volatilité du Bitcoin. La volatilité du Bitcoin est influencée par un certain nombre de variables, notamment la demande et le sentiment du marché, les changements législatifs, les considérations macroéconomiques, les améliorations technologiques, l'attention des médias et le sentiment général des acteurs du marché. Il est essentiel de comprendre la volatilité historique du Bitcoin afin d'évaluer les risques et les avantages potentiels d'un investissement dans la crypto-monnaie.

Depuis son lancement, le prix du Bitcoin a sensiblement fluctué. Les données historiques montrent des périodes de corrections brusques des prix après des augmentations rapides des prix. Pour les investisseurs, ces variations de prix présentent à la fois des possibilités et des risques. Par conséquent, pour un investissement Bitcoin efficace, il est crucial de connaître et de contrôler la volatilité.

Les investisseurs doivent être conscients des nombreux risques de marché associés à l'investissement dans Bitcoin. Parmi ces dangers figurent la liquidité du marché et l'impact sur les prix, les problèmes de sécurité, les risques technologiques, la manipulation du marché et la fraude. Ils incluent également des risques réglementaires et juridiques.

Le paysage réglementaire entourant Bitcoin évolue, ce qui présente des risques dans les secteurs réglementaire et juridique. Les changements de réglementation ou l'ingérence du gouvernement peuvent avoir un effet sur le prix et l'utilisation du Bitcoin. Pour garantir la conformité et éviter d'éventuels problèmes juridiques, les investisseurs doivent être informés des exigences légales et réglementaires de leurs juridictions respectives.

L'investissement dans Bitcoin est difficile en raison de la liquidité du marché et de l'impact des prix. Le marché peut devenir illiquide en période d'extrême volatilité, ce qui peut entraîner une exagération des fluctuations de prix et rendre plus difficile l'exécution de transactions aux prix souhaités. Des ordres d'achat ou de vente importants peuvent affecter de manière significative le prix du Bitcoin, augmentant les dérapages et potentiellement causant des pertes aux investisseurs.

L'achat de Bitcoin comporte des risques de sécurité inhérents. Les crypto-monnaies sont sujettes aux tentatives de piratage, aux vols et aux escroqueries en raison de leur structure décentralisée. Les investisseurs doivent accorder une grande priorité aux mesures de sécurité efficaces, notamment en utilisant des portefeuilles fiables, en utilisant l'authentification à deux facteurs et en étant à l'affût des escroqueries par phishing et autres stratagèmes frauduleux.

La blockchain, la technologie qui sous-tend le Bitcoin, comporte certains risques technologiques. La fiabilité et l'efficacité du réseau Bitcoin peuvent être affectées par des défauts logiciels, la congestion du réseau et des problèmes de mise à l'échelle. Pour réduire les risques associés, les investisseurs doivent être informés des progrès technologiques, des risques potentiels et des mises à niveau.

Les risques de marché propres au marché des cryptomonnaies comprennent la fraude et la manipulation du marché. En raison de sa structure décentralisée et de son faible niveau de réglementation, Bitcoin est vulnérable à la fraude et à la manipulation du marché. Pour éviter les stratagèmes frauduleux, les investisseurs doivent faire preuve de diligence raisonnable, entreprendre des recherches approfondies et interagir avec des plateformes de confiance.

Les investisseurs peuvent recourir à diverses mesures de gestion des risques pour gérer la volatilité et les aléas du marché associés aux investissements Bitcoin.

Une technique de gestion des risques bien connue est la diversification. Les investisseurs peuvent réduire l'influence potentielle de la volatilité du Bitcoin sur la performance globale de leurs investissements en répartissant leurs actifs entre d'autres classes d'actifs. Les investissements dans des actifs plus établis comme les actions, les obligations et l'immobilier peuvent aider à réduire les risques induits par la volatilité du marché Bitcoin.

La gestion des risques dépend essentiellement de la répartition des actifs et de la tolérance au risque. Les investisseurs doivent examiner attentivement leur tolérance au risque et leurs objectifs d'investissement lorsqu'ils allouent des fonds au Bitcoin. Fixer des objectifs d'allocation d'actifs appropriés en fonction de son niveau de tolérance au risque peut aider à équilibrer les avantages et les risques possibles d'un investissement dans les Bitcoins dans l'ensemble de son portefeuille.

Avant de réaliser un investissement Bitcoin, l'analyse des risques et les recherches nécessaires sont cruciales. Les investisseurs doivent effectuer des études approfondies, peser les risques et les avantages et se tenir au courant des tendances du marché, des changements législatifs et des progrès technologiques. Les investisseurs peuvent prendre des décisions judicieuses et gérer efficacement leurs investissements en évaluant les risques potentiels.

Sur des marchés volatils, les pertes potentielles peuvent être limitées par des méthodes d'atténuation des risques telles que les ordres stop-loss. Un ordre stop-loss est une directive visant à vendre automatiquement du Bitcoin si son prix tombe en dessous d'un seuil particulier. En période de ralentissement des marchés, cette technique permet d'éviter aux investisseurs de subir de lourdes pertes.

Une formation et une sensibilisation continues sont essentielles pour gérer efficacement les risques de marché et la volatilité lors de l'investissement dans le Bitcoin.

Pour rester informés de l'évolution de la dynamique du marché du Bitcoin, les investisseurs doivent poursuivre leur formation continue. La compréhension de l'analyse technique, des tendances du marché, de l'analyse fondamentale et des techniques de gestion des risques entre dans cette catégorie. Les investisseurs peuvent réduire les risques, s'adapter aux conditions changeantes du marché et prendre des décisions éclairées grâce à l'éducation.

L'évaluation des risques et des possibilités potentiels dans le secteur du Bitcoin nécessite d'être au courant de l'actualité du marché, des tendances du secteur, des évolutions législatives et des avancées technologiques. Pour rester informés, les investisseurs doivent s'abonner à des médias fiables, participer à des forums pertinents et interagir avec la communauté plus large des crypto-monnaies.

Les investisseurs envisageant un investissement Bitcoin doivent avoir une compréhension approfondie du risque et de la volatilité du marché. Les investisseurs doivent soigneusement peser les risques et les avantages de cette classe d'actifs afin de comprendre pourquoi le Bitcoin est si volatil. Les risques de marché, tels que ceux liés à la réglementation et à la loi, à la liquidité, à la sécurité, à la technologie et à la manipulation du marché, nécessitent une gestion prudente des risques.

La diversification, la répartition des actifs, l'évaluation des risques et l'utilisation d'outils d'atténuation des risques sont quelques exemples de techniques de gestion des risques que les investisseurs pourraient utiliser. Une gestion des risques réussie dépend de l'apprentissage tout au long de la vie et de l'évolution du marché du Bitcoin. Les investisseurs peuvent naviguer sur le marché volatil du Bitcoin et gérer avec succès les risques liés à leurs investissements en adoptant une approche prudente et bien informée.

Stratégies de gestion des risques : Diversification, stop loss, etc.

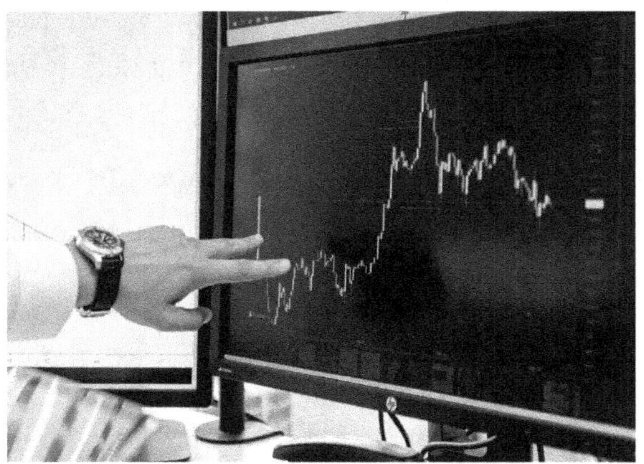

Une compréhension approfondie des techniques de gestion des risques est nécessaire pour investir sur les marchés financiers, en particulier sur le marché volatil du Bitcoin. Les principales techniques de gestion des risques abordées dans cette section sont la diversification, les stop loss, le dimensionnement des positions, la couverture et une diligence raisonnable approfondie. Les investisseurs peuvent réussir à réduire les pertes possibles et à accroître leur succès global sur le marché du Bitcoin en mettant ces stratégies en pratique.

La répartition des investissements entre diverses classes d'actifs est une méthode fondamentale de gestion des risques appelée diversification. Les investisseurs peuvent répartir leur risque sur une variété d'actifs et limiter leur exposition à un investissement en particulier, tel que Bitcoin, en diversifiant leurs portefeuilles. Cette approche atténue les effets potentiels de la mauvaise performance d'un seul investissement sur l'ensemble du portefeuille et permet de se prémunir contre la volatilité des marchés. Les investisseurs peuvent constituer un portefeuille d'investissement plus complet et plus durable en se diversifiant.

Grâce aux stop loss, les investisseurs peuvent définir des points de sortie fixes pour leurs investissements, ce qui constitue un outil crucial de gestion des risques. Avec un ordre stop loss, le courtier est invité à vendre un actif si le prix descend en dessous d'un niveau particulier. Les investisseurs peuvent réduire leurs pertes potentielles et protéger leurs fonds en cas de variations de prix défavorables en établissant des stop loss. Les stop loss garantissent que les investisseurs quittent leurs positions lorsque cela est nécessaire pour réduire les pertes, contribuant ainsi à faire respecter la discipline et à éliminer la prise de décision émotionnelle.

La taille des positions est le processus d'allocation d'argent à des investissements spécifiques. Les investisseurs peuvent choisir la bonne taille de leurs participations dans de nombreux actifs, y compris Bitcoin, en évaluant soigneusement leur tolérance au risque et leurs objectifs d'investissement. Un investisseur n'est pas exposé à un risque excessif dans le cadre d'un seul investissement, grâce à une taille de position appropriée. Les investisseurs peuvent maintenir un portefeuille équilibré et réduire l'impact potentiel de tout investissement sur leur patrimoine global en minimisant leur exposition au risque grâce au dimensionnement des positions.

Une technique de gestion des risques appelée « couverture » consiste à détenir des positions pour contrecarrer les pertes potentielles sur d'autres investissements. Les investisseurs peuvent couvrir leurs positions sur le marché du Bitcoin en employant un certain nombre de stratégies. Par exemple, ils peuvent recourir à des options ou à des contrats à terme pour se protéger contre d'éventuelles baisses de prix. Les investisseurs peuvent réduire leur exposition au risque de baisse tout en préservant le montant souhaité de participation à la hausse possible de leurs actifs en utilisant des stratégies de couverture. La couverture sert comme une sorte d'assurance, protégeant les investisseurs contre les changements défavorables du marché.

Toute entreprise d'investissement doit mettre en œuvre une diligence raisonnable approfondie en tant que stratégie clé de gestion des risques, et l'achat de Bitcoin n'est pas différent. Avant de choisir un investissement, les investisseurs doivent procéder à des études et analyses approfondies. Cela implique d'analyser les fondamentaux de Bitcoin, de comprendre la technologie sous-jacente, de déterminer les mouvements du marché et de suivre les changements législatifs. Une diligence raisonnable efficace aide les investisseurs à sélectionner les actifs, à identifier les dangers potentiels et à éviter ceux qui sont risqués ou malhonnêtes.

Un élément clé de la gestion des risques consiste à évaluer le rapport risque-récompense. Avant d'investir de l'argent, les investisseurs doivent soigneusement peser les risques et les avantages qui pourraient en résulter. Les risques sont souvent plus élevés pour les investissements offrant des rendements potentiels plus élevés. Les investisseurs doivent établir un équilibre entre les gains potentiels et le niveau de risque qu'ils sont prêts à prendre. Les investisseurs peuvent prendre des décisions conformes à leurs objectifs d'investissement et à leur tolérance au risque en effectuant une analyse risque-récompense approfondie.

Une surveillance continue et des examens périodiques du portefeuille sont nécessaires au processus continu de gestion des risques. Les investisseurs doivent périodiquement examiner la performance de leurs titres, analyser l'état du marché et modifier leurs portefeuilles si nécessaire. Les investisseurs peuvent repérer les risques potentiels, saisir les opportunités et ajuster leurs méthodes de gestion des risques aux conditions changeantes du marché en surveillant de près leurs investissements. La stratégie d'investissement reste conforme aux objectifs et à la tolérance au risque de l'investisseur grâce à des évaluations de routine du portefeuille.

Pour réussir à investir sur le marché des crypto-monnaies, y compris Bitcoin, des mesures appropriées de gestion des risques doivent être mises en pratique. Les méthodes importantes de gestion des risques comprennent la diversification, les stop loss, le dimensionnement des positions, la couverture, une diligence raisonnable approfondie, l'analyse risque-récompense et une surveillance continue. Les investisseurs peuvent réduire les pertes possibles, protéger leurs fonds et augmenter leurs chances de succès à long terme sur le marché des crypto-monnaies en combinant ces stratégies et en les adaptant aux profils de risque et aux objectifs d'investissement individuels. Les investisseurs peuvent faire face à la nature volatile des investissements Bitcoin avec une plus grande confiance et atteindre leurs objectifs financiers s'ils disposent d'une stratégie approfondie de gestion des risques.

Risques réglementaires : aperçu mondial

Le paysage réglementaire dans lequel fonctionne le secteur des crypto-monnaies, y compris Bitcoin, est complexe et diffère selon les pays. Les investisseurs doivent être conscients des risques réglementaires liés au Bitcoin alors que les gouvernements et les agences de régulation luttent pour faire face à l'émergence des crypto-monnaies. Cette section propose une analyse approfondie des problèmes réglementaires mondiaux dans le secteur des crypto-monnaies, en examinant les différentes positions adoptées par divers pays et leurs effets potentiels sur les investisseurs Bitcoin.

Les diverses approches et niveaux d'acceptabilité d'un pays à l'autre définissent le paysage réglementaire des crypto-monnaies.

Plusieurs agences de pays développés comme les États-Unis sont chargées de la surveillance réglementaire. Les offres de titres, le commerce des produits dérivés et la fiscalité relative aux crypto-monnaies sont fortement réglementés par la Securities and Exchange Commission (SEC), la Commodity Futures Trading Commission (CFTC) et l'Internal Revenue Service (IRS).

La cinquième directive anti-blanchiment (AML D5) a été mise en vigueur dans l'Union européenne (UE) pour inclure les crypto-monnaies dans le champ d'application des lois anti-blanchiment. Les membres de l'UE créent également leurs propres règles et normes de licence pour les bourses de crypto-monnaie et les fournisseurs de services.

Les offres initiales de pièces de monnaie (ICO), les échanges de crypto-monnaies et les activités minières ont tous été interdits dans les pays en développement comme la Chine, où le gouvernement a adopté une position ferme contre les crypto-monnaies. Cependant, il existe également un désir croissant d'étudier la manière dont la technologie blockchain pourrait être utilisée dans différents secteurs.

L'Inde a adopté une position prudente ; la Reserve Bank of India (RBI) a initialement interdit aux banques de faire affaire avec des entités associées aux crypto-monnaies. L'interdiction a finalement été levée par la Cour suprême indienne, permettant ainsi aux particuliers et aux entités commerciales d'échanger des crypto-monnaies.

Les investisseurs dans Bitcoin sont soumis à un certain nombre de préoccupations réglementaires qui pourraient avoir un impact à la fois sur leurs investissements et sur le marché plus large des crypto-monnaies.

L'incertitude générée par l'environnement réglementaire changeant de Bitcoin provoque la volatilité du marché. Le prix du Bitcoin et le sentiment général du marché peuvent être fortement impactés par des mesures réglementaires, des annonces ou des modifications de la législation. Pour anticiper les risques potentiels et les réactions des marchés, les investisseurs doivent se tenir informés des évolutions réglementaires.

Les exigences de conformité et de reporting sont fréquemment imposées aux entreprises et aux bourses Bitcoin par les cadres réglementaires. Les procédures Know Your Customer (KYC), les contrôles anti-blanchiment d'argent (AML) et la déclaration des transactions sont quelques exemples de ces réglementations. Les dépenses et les obstacles administratifs liés à la conformité peuvent avoir un effet sur le fonctionnement des entreprises Bitcoin et nuire indirectement aux investisseurs.

Les réglementations qui imposent des interdictions de commerce et d'échange ou des limitations de négociation sur les crypto-monnaies peuvent potentiellement réduire l'accessibilité et la liquidité des marchés Bitcoin. Les investisseurs dans les pays dotés de réglementations strictes peuvent rencontrer des difficultés lors de l'achat, de la vente ou de la détention de Bitcoin, ce qui peut limiter leur capacité à profiter des opportunités du marché.

Différentes juridictions ont des lois fiscales différentes sur les cryptomonnaies. Les implications fiscales d'un investissement dans Bitcoin, y compris l'impôt sur les plus-values, les exigences de déclaration et les éventuels contrôles fiscaux, doivent être comprises par les investisseurs. Des pénalités et des problèmes juridiques peuvent résulter du non-respect des exigences fiscales.

Les investisseurs dans Bitcoin disposent de nombreuses options pour faire face aux risques réglementaires.

Suivre les médias fiables, les revues spécialisées et les annonces officielles des organismes de réglementation aidera les investisseurs Bitcoin à rester informés des changements réglementaires. Les investisseurs peuvent prévoir les dangers potentiels et modifier leur stratégie d'investissement si nécessaire en étant conscients des évolutions réglementaires.

Avant d'investir dans Bitcoin, une diligence raisonnable approfondie est essentielle. Les investisseurs doivent sélectionner des bourses de crypto-monnaie dignes de confiance, connaître les lois réglementaires de leur juridiction et suivre les protocoles KYC et AML. Les investisseurs peuvent réduire leur risque de problèmes juridiques et protéger leur argent en se conformant aux normes réglementaires.

La diversification continue d'être une stratégie importante de gestion des risques. Les investisseurs dans Bitcoin devraient penser à diversifier leurs avoirs sur plusieurs crypto-monnaies, actifs conventionnels et zones géographiques. Les investisseurs peuvent atténuer l'effet des risques réglementaires sur la performance globale de leurs investissements en diversifiant leurs avoirs.

Participer aux efforts de plaidoyer peut contribuer à créer des cadres réglementaires bénéfiques. Les investisseurs dans Bitcoin peuvent rejoindre des organisations professionnelles, participer aux débats des décideurs politiques et exprimer leurs préoccupations et recommandations. Les investisseurs peuvent être en mesure d'influencer les règles de manière à favoriser l'innovation tout en préservant leur protection en participant activement au débat sur la réglementation.

Le secteur des cryptomonnaies est rempli de risques réglementaires et les acheteurs de Bitcoin doivent passer par un environnement juridique complexe. Les stratégies des différents pays diffèrent grandement les unes des autres, ce qui pose problèmes et incertitudes. Pour réduire les risques réglementaires, il est essentiel de bien comprendre leurs effets possibles, de se tenir informé, de faire preuve de diligence raisonnable, de garantir la conformité, de diversifier les investissements et de participer aux activités de plaidoyer. Les investisseurs peuvent se positionner pour faire face à l'évolution du climat réglementaire et tirer parti du potentiel à long terme du Bitcoin en minimisant activement les risques réglementaires.

CHAPITRE VIII

Forks Bitcoin et alternatives

Qu'est-ce qu'un fork Bitcoin? Explication avec exemples : Bitcoin Cash, Bitcoin SV

Au cours de son existence, la première crypto-monnaie, Bitcoin, a connu de nombreux forks. Les fondements de ces forks, tels que Bitcoin Cash (BCH) et Bitcoin SV (BSV), sont issus du réseau Bitcoin d'origine et ont abouti à la création de crypto-monnaies distinctes. Afin de fournir aux lecteurs une connaissance approfondie des forks Bitcoin, cette section abordera leur nature, leurs causes et les cas spécifiques de Bitcoin Cash et Bitcoin SV.

Lorsque la blockchain Bitcoin originale est divisée en deux chaînes différentes, un fork se produit, conduisant à la formation d'une nouvelle crypto-monnaie en plus du Bitcoin original. Cela se produit à la suite d'une divergence dans l'historique des transactions de la blockchain causée par un changement dans les règles du protocole régissant le réseau Bitcoin.

Les forks du réseau Bitcoin peuvent être soit souples, soit durs. Un soft fork est une mise à niveau rétrocompatible qui ajoute de nouvelles règles tout en fonctionnant avec la blockchain actuelle.

Un hard fork, en revanche, est une mise à niveau qui n'est pas rétrocompatible et nécessite que tous les utilisateurs adoptent les nouvelles directives. Cela provoque une divergence permanente de la blockchain.

La controverse continue sur la mise à l'échelle est l'une des principales causes des forks de Bitcoin. Les discussions sur l'évolutivité du réseau ont été suscitées par la taille limitée des blocs et le débit des transactions de Bitcoin. Des méthodes divergentes pour résoudre ce problème en raison de points de vue différents ont donné naissance à des forks qui tentent de produire des crypto-monnaies avec une évolutivité améliorée.

Les désaccords sur la gouvernance du réseau Bitcoin d'origine ou sur les mises à jour du protocole peuvent potentiellement conduire à des forks dans la crypto-monnaie. Différentes perspectives sur la taille des blocs du protocole, les coûts de transaction, les techniques de consensus et d'autres éléments peuvent conduire au développement de crypto-monnaies distinctes avec un ensemble de réglementations différentes.

Le réseau Bitcoin d'origine a subi un hard fork en août 2017, conduisant à la création de Bitcoin Cash (BCH). En augmentant la taille du bloc de 1 Mo à 8 Mo, il a pu augmenter le débit des transactions tout en résolvant les problèmes d'évolutivité de Bitcoin.

En raison de sa taille de bloc plus élevée, qui permet d'effectuer davantage de transactions à chaque bloc, Bitcoin Cash se distingue de Bitcoin. Par rapport au Bitcoin original, cette taille de bloc plus élevée est destinée à offrir des transactions plus rapides et moins coûteuses. Une méthode distincte d'ajustement de la difficulté est également utilisée par Bitcoin Cash, ce qui le rend plus réactif aux changements du taux de hachage du réseau.

Une communauté engagée de développeurs, de mineurs et d'utilisateurs a soutenu Bitcoin Cash. Il est désormais largement accepté comme mode de paiement et a été intégré à un certain nombre d'échanges de crypto-monnaies. Concernant ses solutions d'évolutivité et ses problématiques de centralisation, il a cependant également suscité débats et critiques.

En novembre 2018, la blockchain Bitcoin Cash a subi un hard fork controversé, conduisant à la création de Bitcoin SV (BSV), ou Bitcoin Satoshi Vision. L'objectif principal de Bitcoin SV était de restaurer ce que ses partisans croyaient être la vision originale de Satoshi Nakamoto pour le Bitcoin.

En mettant l'accent sur des blocs de plus grande taille et sur les possibilités d'évolutivité des transactions en chaîne, Bitcoin SV cherche à maintenir le système Bitcoin d'origine. Il vise à permettre la création d'entreprises et d'applications au-dessus de la blockchain Bitcoin tout en respectant strictement des changements de protocole minimes.

Un groupe particulier de développeurs et d'entreprises qui prennent en charge Bitcoin SV le font parce qu'ils pensent qu'il a le potentiel d'évoluer et qu'il est cohérent avec le concept Bitcoin original.

Cependant, elle a également fait l'objet de désaccords et de critiques, notamment des disputes sur sa gestion et des réserves sur sa centralisation.

Le marché des crypto-monnaies a changé en raison de l'émergence de forks Bitcoin comme Bitcoin Cash et Bitcoin SV. Ces forks ont donné naissance à d'autres crypto-monnaies avec des objectifs spécialisés et une gamme de préférences des utilisateurs. De plus, ils ont donné aux commerçants et aux investisseurs la possibilité de diversifier leurs avoirs et de participer à la croissance d'autres écosystèmes blockchain.

Les désaccords et les conflits au sein de la communauté des crypto monnaies ont été provoqués par les forks de Bitcoin. Les partisans des différents forks ont souvent des opinions divergentes sur l'évolutivité, la gouvernance et le déroulement du projet Bitcoin. Ces différences ont suscité des conversations et des désaccords continus au sein de la communauté, qui ont influencé la façon dont l'écosystème des crypto-monnaies se développera à l'avenir.

Les forks du réseau Bitcoin comme Bitcoin Cash et Bitcoin SV constituent des développements importants dans l'évolution du marché des crypto-monnaies. Ils se sont développés à partir de diverses perspectives et méthodes pour gérer les mises à jour des protocoles, la gouvernance et l'évolutivité. Les Forks entraînent des complications et des divisions au sein de l'écosystème des crypto-monnaies tout en ouvrant également les portes de l'innovation et de la personnalisation. Les investisseurs et les passionnés peuvent naviguer dans le paysage changeant des crypto-monnaies et faire des choix judicieux quant à leur participation à ces différents écosystèmes de blockchain en comprenant la nature, les motivations et les exemples de forks Bitcoin.

Aperçu des principales crypto-monnaies autres que Bitcoin

Bien que Bitcoin continue d'être la crypto-monnaie la plus populaire et la plus importante, il existe de nombreux autres actifs numériques dotés de fonctionnalités et d'applications distinctives disponibles sur le marché plus vaste des crypto-monnaies. Cette section explore l'histoire, les caractéristiques distinctives et les utilisations possibles des crypto-monnaies les plus importantes en dehors du Bitcoin. Les investisseurs peuvent explorer d'autres opportunités d'investissement dans le monde changeant des actifs numériques en comprenant la variété des crypto-monnaies.

La plateforme décentralisée Ethereum (ETH), introduite en 2015 par Vitalik Buterin, facilite la création de contrats intelligents et d'applications décentralisées (DApps). L'idée d'une blockchain programmable a été proposée, permettant aux programmeurs de créer et de lancer leurs applications sur le réseau Ethereum.

La particularité de Ethereum est sa capacité à réaliser des contrats intelligents complets de Turing, facilitant la création d'applications décentralisées dans de nombreux secteurs. De plus, la norme ERC20 a été développée, simplifiant le développement de nouvelles pièces et permettant le financement participatif via des offres initiales de pièces (ICO). Les améliorations d'évolutivité pour Ethereum et les mises à jour du réseau comme Ethereum 2.0 visent à améliorer le débit des transactions et à atténuer les contraintes du réseau.

La gouvernance décentralisée, les jetons non fongibles (NFT), la gestion de la chaîne d'approvisionnement et la finance décentralisée (DéFi) ne sont que quelques-unes des applications dans lesquelles Ethereum a trouvé son utilité. Sa programmabilité et sa flexibilité en font une plateforme appréciée des entrepreneurs et des développeurs cherchant à créer des écosystèmes tokenizers et des applications décentralisées.

Lancé en 2012, Ripple (XRP) est une crypto-monnaie ainsi qu'un protocole de paiement numérique. Son objectif principal est de rendre les transferts d'argent et les envois de fonds internationaux rapides et abordables. Le XRP Ledger, qui offre des capacités de règlement brut et de change en temps réel, est la plate-forme de grand livre distribué sur laquelle Ripple s'exécute.

En proposant des règlements de transactions rapides et des frais abordables, Ripple se distingue et attire les entreprises transfrontalières. Des délais de confirmation de transaction plus rapides sont rendus possibles par l'algorithme de consensus du protocole Ripple (RPCA), qui est son algorithme de consensus. En mettant l'accent sur les collaborations avec les institutions financières, Ripple cherche à connecter les systèmes financiers conventionnels à la technologie blockchain.

Les banques et autres institutions financières ont commencé à utiliser la technologie de Ripple pour rationaliser les envois de fonds et les transferts d'argent internationaux. En réduisant les délais de règlement et les coûts de transaction, il cherche à accroître l'efficacité des systèmes financiers conventionnels. Le réseau Ripple a également la capacité de tokenizer les actifs et d'augmenter la liquidité entre plusieurs devises.

Charlie Lee a inventé le Litecoin (LTC) en 2011, et il est souvent appelé « l'argent de l'or du Bitcoin ». Il s'agit d'une crypto-monnaie peer-to-peer qui ressemble à Bitcoin à bien des égards, notamment par son utilisation de la technologie blockchain et sa conception open source. Mais le Litecoin se démarque par quelques caractéristiques techniques.

Litecoin utilise l'algorithme de hachage Scrypt et présente des temps de génération de blocs plus rapides, ce qui le rend plus résistant au matériel minier spécialisé. Par rapport au Bitcoin, ces attributs conduisent à des confirmations de transactions plus rapides et à une offre totale de pièces plus importante. Avant d'être intégrées à Bitcoin, les nouvelles fonctionnalités seront d'abord testées sur Litecoin.

Le Litecoin est principalement utilisé comme réserve de valeur et comme moyen de commerce. Il convient aux transactions quotidiennes en raison de ses délais de transaction plus rapides, et les investisseurs à la recherche d'un actif numérique ayant fait ses preuves le trouveront intéressant en raison de sa ressemblance avec Bitcoin.

Une plateforme blockchain appelée Cardano (ADA), introduite en 2017, vise à offrir une plateforme sûre et fiable pour la création d'applications décentralisées et de contrats intelligents. Charles Hoskinson, membre fondateur de Ethereum, l'a fondé.

Cardano se distingue des autres blockchains par l'accent mis sur la recherche scientifique, le développement évalué par les pairs et l'architecture en couches qui augmente la sécurité et l'évolutivité. Il utilise le mécanisme de consensus de preuve de participation Ouroboros, qui se veut à la fois sûr et économe en énergie. Le calendrier de développement de Cardano comporte plusieurs phases, avec un accent sur la durabilité et la gouvernance.

L'objectif de Cardano est de faciliter la création d'applications décentralisées et de fournir une infrastructure pour des domaines tels que la gestion de la chaîne d'approvisionnement, la vérification d'identité et les systèmes de gouvernance. Il sert de plate-forme pour créer des solutions blockchain fiables et évolutives en raison de sa concentration sur la recherche universitaire et de procédures de développement strictes.

L'échange de crypto-monnaie Finance a introduit Finance Coin (BNB) en 2017, et il fonctionne sur la chaîne Binance et agit comme le jeton utilitaire natif de l'écosystème. Binance Coin a été initialement publié en tant que jeton ERC-20 sur la blockchain Ethereum avant de passer à sa propre plateforme.

Des frais de négociation réduits, la participation aux ventes de jetons et l'accès à des fonctionnalités avancées sur la bourse Finance ne sont que quelques-uns des avantages que Binance Coin met à disposition au sein de l'écosystème Finance. Sur la Finance Chain, il a également été utilisé pour créer des actifs tokenisés.

Au sein de l'écosystème Finance, Finance Coin fonctionne principalement comme un jeton utilitaire qui récompense et incite les utilisateurs de l'échange Finance. En raison de son affiliation à l'une des plus grandes bourses de crypto-monnaie, il a gagné en popularité et est utilisé pour accéder à une variété de services et de biens sur la plateforme Finance.

D'autres crypto-monnaies importantes ont encore de la valeur et du potentiel malgré la domination du Bitcoin sur le marché des crypto-monnaies. Entre autres, Ethereum, Ripple, Bitcoin, Cardano et Finance Coin possèdent chacun des fonctionnalités et des applications uniques qui abordent des aspects spécifiques de l'économie numérique. Les investisseurs ont la possibilité de diversifier leurs portefeuilles dans le paysage changeant des crypto-monnaies en ayant une meilleure compréhension de ces crypto-monnaies importantes au-delà du Bitcoin. Ces actifs numériques alternatifs offrent des opportunités d'investissement spéciales à mesure que le marché des crypto-monnaies se développe et peuvent avoir des utilisations perturbatrices dans de nombreux domaines de l'économie mondiale.

Altcoins vs Bitcoin : différences et similitudes

Depuis l'introduction des crypto-monnaies, Bitcoin domine le marché des actifs numériques. Cependant, l'essor des cryptomonnaies alternatives, également appelées altcoins, a donné une nouvelle dimension au marché des crypto-monnaies. Afin de mettre en lumière leurs caractéristiques distinctives, leurs cas d'utilisation et la relation globale entre ces actifs numériques, cette section examine les différences ainsi que les similitudes entre les altcoins et Bitcoin.

Monnaie numérique décentralisée destinée à fonctionner comme moyen d'échange, Bitcoin a été développé en 2009 par un individu ou un groupe d'individus non identifié connu uniquement sous le nom de Satoshi Nakamoto. Sans intermédiaire, elle entend proposer un système de paiement électronique peer-to-peer permettant des transactions sécurisées et sans frontières.

Toutes les crypto-monnaies autres que Bitcoin sont appelées « altcoins », un terme dérivé de « pièces alternatives ». Ces actifs numériques ont été développés pour surmonter des contraintes particulières ou explorer différents cas d'utilisation en dehors de ceux proposés par Bitcoin.

Par rapport au Bitcoin, les altcoins offrent fréquemment de nouvelles technologies et avancées. Ils peuvent utiliser diverses techniques de hachage, processus de consensus ou solutions d'évolutivité. Par exemple, alors que Ripple se concentrait sur la possibilité de transactions transfrontalières rapides, Ethereum a ajouté des contrats intelligents.

Avec la capitalisation boursière la plus élevée, Bitcoin continue de dominer le secteur des crypto-monnaies. Pris dans leur ensemble, les altcoins représentent une part moindre de la capitalisation boursière. Cependant, plusieurs pièces alternatives, comme Ethereum et Ripple, ont atteint des prix importants et ont été acceptées par le marché.

Les principaux objectifs du Bitcoin sont d'agir comme une réserve de valeur et une monnaie numérique décentralisée. D'un autre côté, les pièces alternatives se concentrent souvent sur des secteurs ou des utilisations particulières. Par exemple, Bitcoin met l'accent sur des confirmations de transactions plus rapides, mais les altcoins comme Monero qui donnent la priorité à la confidentialité cherchent à accroître l'anonymat.

Les Bitcoins sont créés sur les mêmes réseaux de blockchain décentralisés que Bitcoin. Ils fonctionnent de manière décentralisée et sans intermédiaire, garantissant l'immuabilité, la sécurité et la transparence de toutes les transactions. L'écosystème des cryptomonnaies est construit autour de ce trait commun.

En raison d'éléments tels que le sentiment du marché, les changements gouvernementaux et les améliorations technologiques, le Bitcoin et les autres crypto-monnaies sont sujets à des niveaux de volatilité importants. Dans le but de profiter des variations de prix, les investisseurs participent fréquemment à des transactions spéculatives.

Sur le marché des crypto-monnaies, des options de trading et d'investissement sont proposées par Bitcoin et d'autres crypto-monnaies. En utilisant la croissance potentielle de ces actifs numériques, les investisseurs peuvent diversifier leurs portefeuilles en intégrant un mélange de Bitcoin et de crypto-monnaies alternatives.

En raison de sa domination sur le marché des crypto-monnaies, Bitcoin est devenu la norme et le point de comparaison pour les performances et les prix des altcoins. Le prix du Bitcoin affecte fréquemment le sentiment général du marché, ce qui affecte le prix des altcoins.

L'innovation et l'expansion de l'écosystème plus vaste des cryptomonnaies sont facilitées par les altcoins. Ils étudient divers cas d'utilisation, proposent de nouvelles technologies et étendent les capacités des applications blockchain. Les altcoins réussis pourraient inspirer un développement supplémentaire dans le secteur, conduisant peut-être à des modifications ou à des ajouts au Bitcoin lui-même.

Une volatilité importante des prix affecte à la fois le Bitcoin et les crypto-monnaies alternatives, ce qui peut être risqué pour les investisseurs. En raison de la nature croissante et en développement du secteur des cryptomonnaies, les investisseurs doivent gérer correctement leur exposition aux risques.

Dans de nombreuses juridictions, l'environnement réglementaire entourant les crypto-monnaies, telles que le Bitcoin et les altcoins, reste flou. Des risques et des incertitudes peuvent être introduits par des mesures réglementaires ou des contestations juridiques qui affectent la façon dont ces actifs numériques sont perçus par le marché et dont ils sont utilisés.

Les Altcoins ont évolué pour offrir des fonctionnalités distinctives, étudier d'autres cas d'utilisation et promouvoir l'innovation au sein de l'écosystème, malgré le fait que Bitcoin continue de conserver une position dominante dans le secteur des crypto-monnaies. Alors que les altcoins ajoutent à la variété et à la croissance de l'environnement des crypto-monnaies, Bitcoin sert de norme. Les investisseurs peuvent naviguer dans un marché en évolution, diversifier leurs avoirs et profiter de la croissance potentielle et du pouvoir révolutionnaire des actifs numériques en étant conscients des différences et des similitudes entre Bitcoin et altcoins. Le lien entre Bitcoin et altcoins influencera l'avenir de la finance décentralisée et l'utilisation plus large de la technologie blockchain à mesure que l'écosystème des crypto-monnaies se développera.

CHAPITRE IX

Confidentialité, sécurité et aspects juridiques du Bitcoin

Confidentialité dans les transactions Bitcoin: combien y a-t-il réellement ?

En tant que crypto-monnaie décentralisée et open source, Bitcoin a souvent été associé à des problèmes de confidentialité. Bien que les transactions Bitcoin soient visibles sur une blockchain publique, le niveau de confidentialité qu'elles offrent fait l'objet d'un débat continu. Cette section analyse les caractéristiques de confidentialité des transactions Bitcoin, examine leurs inconvénients et couvre les différentes méthodes utilisées pour accroître la confidentialité des transactions.

N'importe qui peut accéder aux données de transaction sur la blockchain publique pour Bitcoin, y compris les adresses de l'expéditeur et du destinataire, les montants des transactions et les horodatages. L'immuabilité et la fiabilité du réseau sont renforcées par cette transparence.

Les transactions pseudonymes sur le réseau Bitcoin utilisent des adresses cryptographiques pour identifier les utilisateurs plutôt que leurs vrais noms. Les identités réelles cachées derrière les adresses ne sont généralement pas explicitement divulguées, même si les transactions sont enregistrées publiquement.

Malgré l'anonymat des adresses Bitcoin, il existe de nombreuses façons de relier les transactions. La réutilisation des adresses, dans laquelle un utilisateur utilise la même adresse pour plusieurs transactions différentes, peut aider à identifier et tracer ces activités. Les méthodes d'analyse de la blockchain peuvent également être utilisées pour relier les adresses et examiner les flux de transactions, divulguant potentiellement des informations sur les activités et les habitudes de dépenses d'un utilisateur.

Le grand livre public peut être analysé à l'aide d'outils d'analyse de blockchain pour repérer des modèles, tels que les mouvements d'argent, l'emplacement des échanges centralisés et la surveillance des activités illégales. La confidentialité des transactions Bitcoin pourrait être compromise par cette étude, qui pourrait également rendre publiques des données privées.

En mélangeant les pièces de plusieurs utilisateurs, les services de mélange ou de tumbling de pièces visent à accroître la confidentialité en rendant difficile le suivi des transactions individuelles. En rompant le lien entre les adresses d'entrée et de sortie, ces services offrent un certain niveau d'anonymat. Les utilisateurs doivent être sûrs que le service de mixage ne compromet pas leur vie privée, même si leur efficacité peut varier.

Les adresses furtives sont des méthodes cryptographiques permettant d'augmenter l'anonymat des transactions dans Bitcoin. Pour chaque transaction, ils génèrent une adresse différente, ce qui rend difficile la connexion des adresses de l'expéditeur et du destinataire.

Il peut être difficile de faire la distinction entre les différentes entrées et sorties lors de l'utilisation de ConJoints, car plusieurs utilisateurs combinent leurs transactions en une seule transaction. En masquant la connexion entre les adresses de l'expéditeur et de la destination, cette méthode offre un certain niveau de confidentialité.

Les transactions confidentielles (CT) chiffrent les montants des transactions à l'aide de méthodes cryptographiques. En masquant les valeurs précises des transactions, CT donne aux transactions Bitcoin une couche de confidentialité supplémentaire. Sur le réseau Bitcoin, cette stratégie n'est pas encore couramment utilisée.

L'analyse du réseau peut toujours détecter des tendances et relier les transactions malgré les méthodes améliorant la confidentialité, compromettant potentiellement la confidentialité. Les méthodes et outils modernes d'analyse de la blockchain se développent constamment, ce qui constitue une menace pour l'efficacité des protections actuelles de la vie privée.

Les techniques visant à améliorer la confidentialité font souvent appel soit à des services externes, soit à des couches technologiques supplémentaires. Les utilisateurs doivent faire confiance à ces organisations, ce qui soulève des inquiétudes quant à leur sécurité, leur fiabilité et le risque de fuites d'informations ou de violations de données.

Les réglementations peuvent être en contradiction avec les mesures de protection de la vie privée utilisées dans les transactions Bitcoin, en particulier dans les pays dotés de lois sur la connaissance de votre client (KYC) et de lutte contre le blanchiment d'argent (AML). Les bourses et les fournisseurs de services pourraient être obligés de suivre ces règles, ce qui réduirait le nombre de choix en matière de confidentialité offerts aux utilisateurs.

Les signatures Schnorr seront ajoutées à Bitcoin, ce qui devrait améliorer la sécurité et l'évolutivité. Les signatures Schnorr combinent de nombreuses entrées de signature en une seule signature, permettant un mélange de pièces plus efficace et améliorant l'anonymat.

Les transactions hors chaîne qui utilisent les technologies de couche 2, comme le Lightning Network, sont plus rapides et plus privées. En permettant aux utilisateurs d'effectuer plusieurs transactions sans publier chacune d'entre elles sur la blockchain publique, ces technologies améliorent la confidentialité des utilisateurs.

Il est essentiel que les utilisateurs de Bitcoin comprennent mieux les menaces à la vie privée et les mesures accessibles visant à améliorer la confidentialité. Les utilisateurs peuvent être habilités à prendre des décisions réfléchies et à protéger leur vie privée en étant informés des meilleures pratiques, des outils de confidentialité et des restrictions des mesures de confidentialité.

La question de la confidentialité dans les transactions Bitcoin présente de nombreux aspects. Bitcoin offre le pseudonyme et la transparence, mais le degré de confidentialité est sujet à un certain nombre de restrictions et de difficultés. La confidentialité des transactions Bitcoin peut être compromise par les outils d'analyse de la blockchain et l'analyse publique de la blockchain. Cependant, ces risques peuvent être quelque peu réduits en utilisant des stratégies améliorant la confidentialité telles que le mélange de pièces, les adresses furtives, les ConJoints et les transactions privées. Les innovations futures, telles que les solutions de couche 2 et les signatures Schnorr, ont le potentiel d'améliorer encore la confidentialité des transactions pour Bitcoin. Afin de protéger la confidentialité et de fournir plus de pouvoir aux utilisateurs de Bitcoin, les utilisateurs doivent être informés des problèmes de confidentialité, des meilleures pratiques et des outils disponibles. La difficulté de trouver un équilibre entre les préoccupations en matière de protection de la vie privée et le respect de la loi doit être étudiée plus en détail. Il sera essentiel de répondre aux problèmes de confidentialité dans les transactions Bitcoin pour promouvoir l'adoption, la confiance et le plein potentiel des monnaies numériques décentralisées à mesure que l'écosystème des cryptomonnaies continue de se développer.

Meilleures pratiques en matière de sécurité: protéger les portefeuilles, éviter les escroqueries

L'importance de protéger la sécurité des portefeuilles numériques et d'éviter les fraudes s'est accrue à mesure que l'intérêt pour les cryptomonnaies augmente. Cette section examine les meilleures méthodes de sécurité dans le secteur des crypto-monnaies, en se concentrant sur la sécurité du portefeuille et en évitant les escroqueries. Les utilisateurs peuvent protéger leurs fonds et naviguer en toute confiance dans le paysage des actifs numériques en adhérant à ces meilleures pratiques.

Les portefeuilles de crypto-monnaies se présentent sous diverses formes, telles que les portefeuilles logiciels (ordinateurs de bureau et mobiles), les portefeuilles matériels et les portefeuilles Web. La sélection du meilleur type de portefeuille nécessite une compréhension de ses qualités et de ses caractéristiques de sécurité.

Les éléments importants qui donnent accès aux fonds de crypto-monnaie sont les clés privées. Pour éviter tout accès illégal, les utilisateurs doivent stocker et gérer en toute sécurité leurs clés privées. Les meilleures pratiques pour une sécurité accrue incluent l'utilisation de portefeuilles matériels, de mots de passe forts et de stockage hors ligne.

Il est crucial de créer des mots de passe sécurisés et uniques pour les portefeuilles. Des mots de passe longs et compliqués contenant un mélange de lettres majuscules et minuscules, de chiffres et de caractères spéciaux sont recommandés. Garder pour vous les informations personnelles et les phrases fréquentes offre une couche de sécurité supplémentaire.

Les portefeuilles sont plus sécurisés lorsque l'authentification à deux facteurs (2FA) est activée. Les utilisateurs sont tenus de soumettre une deuxième forme de vérification, telle qu'un code attribué à leur appareil mobile, afin d'accéder à leurs fonds en connectant le portefeuille à un appareil ou une application de confiance.

Il est essentiel de maintenir le logiciel de portefeuille à jour si vous souhaitez vous protéger contre les vulnérabilités et les exploits. Les utilisateurs doivent s'assurer qu'ils utilisent la version la plus récente du portefeuille, car les développeurs publient fréquemment des mises à niveau pour résoudre les problèmes de sécurité.

En stockant les clés privées hors ligne, le stockage hors ligne (cold wallets), comme les portefeuilles matériels ou les portefeuilles papier, améliore la sécurité. En raison de leur manque de connectivité Internet, ces portefeuilles sont moins vulnérables aux logiciels malveillants et aux efforts de piratage.

Les attaques de phishing utilisent des sites Web, des e-mails ou des messages frauduleux pour inciter les utilisateurs à révéler leurs clés privées ou d'autres informations sensibles. Les utilisateurs doivent faire preuve de prudence, confirmer la légitimité des sites Web, revérifier les expéditeurs d'e-mails et s'abstenir de cliquer sur des liens suspects.

Les utilisateurs doivent effectuer quelques recherches avant de participer à une initiative ou à une offre d'investissement de crypto-monnaies. Les escroqueries potentielles peuvent être repérées en confirmant la validité des projets, en évaluant la fiabilité de l'équipe et en examinant les évaluations et les notes du public.

Lors de l'interaction avec les bourses et les portefeuilles de crypto-monnaies, une communication sécurisée est essentielle. Éviter les réseaux Wi-Fi publics, utiliser des méthodes de communication cryptées et faire preuve de prudence lors du partage d'informations sensibles peuvent contribuer à prévenir les violations de données et les écoutes clandestines.

Le maintien de la sécurité nécessite une formation continue sur le paysage en constante évolution des crypto-monnaies. Les utilisateurs sont mieux préparés à prendre des décisions éclairées s'ils restent informés des nouvelles escroqueries, des problèmes de sécurité et des meilleures pratiques du secteur.

Les utilisateurs peuvent apprendre des experts, obtenir des conseils et rester informés des préoccupations potentielles en participant à des groupes et des forums sur les crypto-monnaies. Rassembler une communauté solidaire et coopérative de personnes partageant les mêmes idées favorise une atmosphère de collaboration pour sensibiliser à la sécurité.

Les portefeuilles, les gadgets et les comptes en ligne doivent tous faire l'objet d'audits de sécurité de routine pour détecter d'éventuelles vulnérabilités. Les utilisateurs doivent vérifier leurs droits d'accès, mettre à jour leurs paramètres de sécurité et garder un œil sur toute activité inhabituelle.

Les utilisateurs sont essentiels à la protection de la communauté plus large des crypto-monnaies. Partager des informations sur les dangers potentiels et signaler les escroqueries, les sites Web suspects ou les tentatives de phishing aux autorités compétentes peut contribuer à sensibiliser l'opinion et à empêcher d'autres personnes d'être victimes d'escroqueries.

Une stratégie proactive et vigilante est nécessaire pour protéger les portefeuilles de crypto-monnaies et prévenir les escroqueries. Les utilisateurs peuvent considérablement améliorer la sécurité de leurs fonds en mettant en œuvre les meilleures pratiques, notamment en utilisant des mots de passe forts, en activant 2FA, en mettant régulièrement à jour le logiciel de portefeuille et en utilisant des options de stockage hors ligne. Garder un œil sur les efforts de phishing, effectuer des recherches approfondies et se tenir au courant des nouveaux risques contribuent tous à créer un environnement plus sûr pour les crypto-monnaies. Pour maintenir un environnement sûr et fiable, l'éducation, la participation communautaire et des évaluations de sécurité fréquentes sont essentielles. Les individus peuvent naviguer en toute confiance dans l'écosystème des cryptomonnaies, protéger leurs fonds et contribuer à la sécurité globale de la communauté des actifs numériques en adhérant à certaines pratiques recommandées.

Considérations juridiques : Bitcoin et fiscalité, légalité dans le monde

Comprendre les problèmes juridiques entourant les crypto-monnaies, en particulier ceux liés à la fiscalité et à la légalité, est essentiel à mesure que le Bitcoin et les autres crypto-monnaies sont de plus en plus acceptés. Dans cette section, l'environnement juridique entourant Bitcoin est examiné, ainsi que les implications fiscales, les cadres législatifs et la légalité internationale du Bitcoin. Les gens peuvent garantir la conformité et prendre des décisions éclairées concernant leur connexion avec Bitcoin en examinant ces considérations juridiques.

Les autorités fiscales du monde entier ont débattu de la manière de catégoriser Bitcoin à des fins de taxation. La classification diffère selon les juridictions ; certains le perçoivent comme une forme de monnaie, tandis que d'autres le considèrent comme un bien, une marchandise ou un actif financier. La catégorisation a des effets sur la façon dont les transactions Bitcoin sont taxées.

Tous les types de transactions Bitcoin, telles que l'achat, la vente, le commerce, l'exploitation minière et l'acceptation de Bitcoin en échange de biens ou de services, peuvent donner lieu à divers événements imposables. En fonction de l'événement individuel et de la réglementation fiscale du pays, les implications fiscales sont diverses. Par exemple, lors de la vente de Bitcoin contre une monnaie fiduciaire, un impôt sur les plus-values peut être dû, et lors de l'utilisation de Bitcoin pour payer des biens ou des services, une taxe sur la valeur ajoutée (TVA) peut être facturée.

La vente ou l'échange de Bitcoin peut être soumis à l'impôt sur les plus-values dans un certain nombre de juridictions. Des impôts sont prélevés sur les bénéfices générés lors de la vente de Bitcoin pour un prix supérieur à ce qu'il en a coûté pour l'obtenir, bien que les pertes puissent être déduites. La durée de détention et le niveau de revenu du contribuable ne sont que deux exemples de variables pouvant affecter le taux d'imposition des plus-values.

Les autorités fiscales exigent souvent que les gens déclarent et incluent leurs transactions Bitcoin dans leur déclaration de revenus. Donner des informations sur les montants des transactions, les dates et les éventuels gains ou pertes en fait partie. Des rapports inexacts sur les transactions Bitcoin peuvent entraîner des sanctions, voire des conséquences juridiques.

La position juridique du Bitcoin varie considérablement selon les pays, certains l'acceptent, d'autres adoptant une position prudente et certains interdisant ou restreignant carrément son utilisation. Pour répondre à diverses questions, notamment la protection des consommateurs, la lutte contre le blanchiment d'argent (AML) et la connaissance du client (KYC), les gouvernements ont élaboré des cadres réglementaires. Les lois en vigueur cherchent à trouver un équilibre entre la promotion de l'innovation et la protection des intérêts des consommateurs et des investisseurs.

Des cadres réglementaires complets ont été mis en place pour contrôler les échanges de crypto-monnaies et les fournisseurs de services dans des pays comme les États-Unis et le Japon. Afin de protéger les investisseurs tout en stimulant l'innovation, ils cherchent à atteindre un équilibre. Les exigences en matière de licence, les procédures AML et KYC, les précautions en matière de cybersécurité et les obligations de divulgation des consommateurs peuvent toutes faire partie de cette législation. D'autres pays, comme la Suisse, ont adopté une approche plus permissive, favorisant un environnement favorable aux entreprises de crypto-monnaie tout en mettant en place des politiques pour décourager les activités illégales.

Alors que certains pays ont accepté le Bitcoin, d'autres ont interdit ou imposé des restrictions d'utilisation. Les offres initiales de pièces de monnaie (ICO), les échanges de crypto-monnaies et les activités minières ont tous été interdits en Chine, par exemple. L'Inde a initialement interdit aux banques de travailler avec des sociétés liées aux crypto-monnaies, mais la Cour suprême a ensuite levé cette interdiction. Ces interdictions et limitations sont souvent motivées par des préoccupations concernant la sécurité des consommateurs, la stabilité financière et le blanchiment d'argent.

L'environnement réglementaire des crypto-monnaies aux États-Unis est complexe. La Securities and Exchange Commission

(SEC), la Commodity Futures Trading Commission (CFTC) et l'Internal Revenue Service (IRS) ne sont que quelques-uns des organismes de réglementation qui ont publié des lignes directrices et des règles spécifiquement pour les crypto-monnaies. Pour des raisons fiscales, l'IRS considère Bitcoin comme une propriété. Les paiements Bitcoin, les opérations minières et les gains ou pertes résultant de ces activités doivent tous être déclarés par les particuliers. Les réglementations établies par le FinCEN (Financial Crimes Enforcement Network) concernant l'AML et le KYC doivent être respectées par les échanges de crypto-monnaies et les fournisseurs de services.

Un cadre réglementaire a été adopté par l'Union européenne pour lutter contre le financement du terrorisme et le blanchiment d'argent. Les exigences AML et KYC dans l'UE obligent les bourses de crypto-monnaie et les fournisseurs de services à faire preuve de diligence raisonnable envers leurs clients, à suivre les transactions et à signaler les activités suspectes. Les réglementations du Règlement général sur la protection des données (RGPD) imposées par l'UE garantissent que les données personnelles sont protégées dans les transactions de crypto-monnaies.

L'un des premiers pays à accepter le Bitcoin comme monnaie légale a été le Japon. Il a des réglementations AML et KYC strictes et a créé un système de licence pour les échanges de crypto-monnaies. La structure juridique de la nation tente de promouvoir la protection des consommateurs, la stabilité monétaire et la suppression des activités illégales. Afin de garantir la conformité, la

Financial Services Agency (FSA) se coordonne activement avec les bourses pour gérer la législation sur les crypto-monnaies.

La Suisse a adopté une position plus permissive à l'égard des crypto-monnaies. En créant de la clarté et un climat réglementaire favorable aux entreprises de blockchain et de crypto-monnaie, il a encouragé les entreprises à établir des opérations dans le pays. Afin de lutter contre les menaces de blanchiment d'argent et de financement du terrorisme, la Suisse a mis en œuvre des politiques qui soutiennent à la fois l'innovation et le progrès technologique.

Le développement rapide des crypto-monnaies présente des difficultés pour les régulateurs du monde entier. Des problèmes réglementaires constants sont provoqués par la complexité et l'évolution rapide de la technologie, ainsi que par la nécessité de parvenir à un équilibre entre l'innovation et la protection des investisseurs. Afin de relever de nouveaux défis tels que le financement décentralisé (DéFi), les pièces stables et le caractère international des transactions de crypto-monnaie, les régulateurs continuent de modifier et d'améliorer leurs stratégies.

Compte tenu de la portée mondiale des crypto-monnaies, les gouvernements et les agences de régulation doivent travailler ensemble au niveau international pour harmoniser les cadres juridiques, lutter contre le blanchiment d'argent et résoudre d'autres problèmes transfrontaliers. Le Groupe d'action financière (GAFI) et d'autres organisations travaillent à la création de règles internationales AML et KYC pour les crypto-monnaies.

Les gouvernements mettront probablement à jour et amélioreront leurs cadres juridiques à mesure que le secteur des crypto-monnaies se développe. Cela pourrait impliquer de créer des réglementations fiscales plus précises, de définir des exigences réglementaires et de résoudre des problèmes récents tels que DéFi et les pièces stables. Dans le but de parvenir à un compromis entre la promotion de l'innovation et la préservation de la protection des investisseurs et de la stabilité financière, les améliorations législatives tenteront de promouvoir les deux.

Les principaux objectifs des efforts de réglementation dans le secteur des crypto-monnaies sont de protéger les consommateurs et les investisseurs. Les cadres réglementaires donneront probablement la priorité aux mesures visant à lutter contre la fraude, à accroître la transparence et à créer des protections pour les investisseurs à mesure que les crypto-monnaies deviennent plus largement utilisées. Cela pourrait impliquer une réglementation plus stricte des bourses, des règles de divulgation plus transparentes et des garanties contre la manipulation du marché.

Les implications fiscales et les cadres réglementaires contrôlant l'utilisation du Bitcoin sont des considérations juridiques. Pour les personnes et les entreprises travaillant dans le domaine des crypto-monnaies, il est crucial de comprendre les obligations fiscales, les exigences de déclaration et la situation juridique du Bitcoin. La protection juridique ainsi que la croissance continue d'un écosystème fiable et sûr sont toutes deux garanties par le respect des lois fiscales et des réglementations réglementaires. Les gouvernements continueront d'affiner leur approche du Bitcoin et des crypto-monnaies à mesure que le paysage juridique mondial évolue, dans le but de trouver un équilibre entre l'innovation, la protection des consommateurs et la conformité réglementaire. L'avenir du cadre juridique relatif au Bitcoin sera façonné par la coopération internationale et les progrès législatifs continus, dans le but de favoriser un environnement sûr et durable pour le secteur des crypto-monnaies.

CHAPITRE X

L'avenir du Bitcoin et de la crypto-monnaie

Prédictions d'experts pour l'avenir de Bitcoin

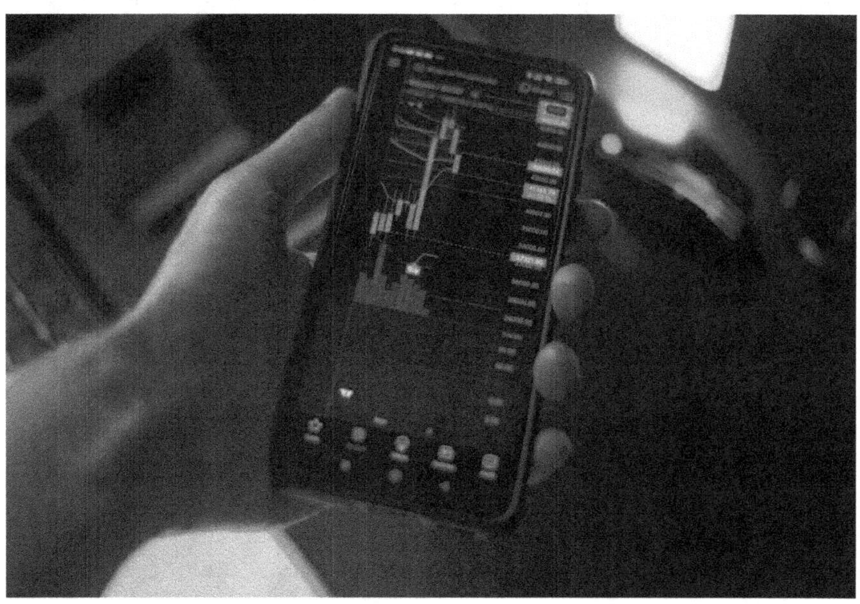

La crypto-monnaie la plus ancienne et la plus reconnue au monde, Bitcoin, a suscité beaucoup d'intérêt ces dernières années. Diverses prédictions sur l'avenir du Bitcoin ont été faites par des professionnels et des analystes alors que l'écosystème des cryptomonnaies continue de se développer. Cette section explore les perspectives et les prédictions professionnelles concernant Bitcoin, en examinant des éléments tels que les prévisions de prix, les tendances du marché, les événements gouvernementaux et les avancées technologiques. En tenant compte de ces points de vue professionnels, les gens peuvent avoir un aperçu de l'évolution probable du Bitcoin et peuvent ensuite prendre des décisions éclairées sur le marché des crypto-monnaies.

Depuis son lancement en 2009, Bitcoin a connu la volatilité des prix, des difficultés réglementaires et des progrès technologiques. L'évaluation des projections d'experts pour l'avenir de Bitcoin nécessite une compréhension fondamentale de ses performances historiques.

Le prix du Bitcoin a considérablement augmenté au cours de nombreux cycles de marché, qui sont ensuite suivis de périodes de consolidation et de corrections. Dans le passé, ces cycles ont été influencés par l'environnement macroéconomique, le sentiment des investisseurs et l'adoption.

De nombreux analystes estiment que l'offre limitée, la structure décentralisée et la popularité croissante du Bitcoin en feront une réserve de valeur efficace à long terme. Ils soutiennent que des facteurs tels que l'offre limitée de Bitcoin, la réduction périodique du prix de moitié et l'acceptation potentielle par les investisseurs institutionnels pourraient éventuellement faire augmenter le prix de la monnaie.

Le futur prix du Bitcoin devrait augmenter considérablement, selon plusieurs projections haussières faites par des experts. Ces prévisions sont souvent motivées par des éléments tels que l'utilisation institutionnelle croissante, l'imprévisibilité de l'économie mondiale et la possibilité pour Bitcoin d'agir comme une couverture contre l'inflation.

D'autres experts, en revanche, ont présenté des points de vue plus prudents, soulignant les dangers potentiels et les incertitudes liés au Bitcoin. Ils énumèrent les variables potentielles qui pourraient avoir un impact négatif sur le prix du Bitcoin, telles que les difficultés réglementaires, la manipulation du marché et l'avènement d'autres crypto-monnaies.

Les investisseurs institutionnels, comme les hedge funds et les sociétés de gestion d'actifs, sont entrés sur le marché du Bitcoin, ce qui a été considéré comme une évolution significative. Selon les experts, une utilisation institutionnelle croissante pourrait aider l'écosystème des crypto-monnaies à gagner en liquidité, en stabilité et en acceptabilité généralisée.

Un élément important qui pourrait avoir un impact sur l'avenir du Bitcoin est l'évolution de l'environnement réglementaire. Selon les experts, une surveillance améliorée, des cadres juridiques attrayants et une plus grande confiance des investisseurs pourraient encourager les investissements institutionnels dans le secteur des crypto-monnaies.

Les développements futurs du Bitcoin sont influencés par les tendances économiques générales. Le prix et l'adoption du Bitcoin peuvent être influencés par diverses variables, notamment les événements géopolitiques, la politique monétaire, l'inflation et les crises économiques. Ces variables macroéconomiques sont prises en compte par les experts lors de la projection de l'évolution future du Bitcoin.

Les contraintes d'évolutivité du Bitcoin ont suscité des discussions et des inquiétudes. Cependant, les experts estiment que pour surmonter les difficultés d'évolutivité et augmenter le débit des transactions Bitcoin, des solutions telles que le Lightning Network, les sidechains et les protocoles de deuxième couche seront bientôt mises en œuvre.

Un autre domaine de développement technologique consiste à améliorer les fonctionnalités de confidentialité dans les transactions Bitcoin. Selon les experts, l'anonymat et la fongibilité du Bitcoin devraient être améliorés grâce à l'inclusion de technologies améliorant la confidentialité telles que les preuves sans connaissance et les transactions privées.

En effectuant des transactions hors chaîne, les solutions de couche 2 comme Lighting Network cherchent à augmenter la vitesse de transaction de Bitcoin et à réduire les frais. De plus, les experts prédisent que l'écosystème Bitcoin acquerra des capacités de contrats intelligents, permettant des applications financières plus sophistiquées et des applications décentralisées (DApps).

Les experts prédisent l'émergence de solutions inter-chaînes et de protocoles d'interopérabilité à mesure que le secteur des cryptomonnaies évolue. Ces développements permettent à divers réseaux blockchain de se connecter de manière transparente, augmentant ainsi l'utilité du Bitcoin et ouvrant de nouveaux cas d'utilisation.

L'environnement réglementaire qui entoure les crypto-monnaies est encore incertain et susceptible de changer. Les réglementations gouvernementales peuvent avoir un effet sur l'ampleur de l'utilisation du Bitcoin, sa liquidité et la façon dont les gens le perçoivent. Les risques possibles liés aux interventions réglementaires et à l'exigence de conformité dans un cadre juridique en évolution sont reconnus par les experts.

La volatilité historique des prix du Bitcoin va probablement perdurer dans le futur. En raison de la possibilité de fortes fluctuations de prix et de corrections du marché, les experts conseillent la gestion des risques et les stratégies d'investissement à long terme.

Les améliorations techniques offrent des opportunités, mais elles comportent également des risques et des incertitudes. Afin de réduire les vulnérabilités et les risques potentiels, les experts soulignent la nécessité de mesures de sécurité strictes, de tests minutieux des nouvelles technologies et d'une adoption prudente.

La domination du Bitcoin est menacée par l'émergence de crypto-monnaies alternatives. L'environnement concurrentiel et les effets potentiels des nouvelles initiatives et technologies sur la part de marché et l'adoption du Bitcoin sont pris en compte par les experts.

La complexité et l'imprévisibilité du secteur des crypto-monnaies se reflètent dans la vaste gamme de prédictions d'experts sur l'avenir du Bitcoin. D'autres mettent l'accent sur l'importance des changements réglementaires, des tendances du marché et des avancées techniques. Certains analystes prédisent des hausses de prix considérables et une utilisation institutionnelle soutenue. Les performances passées du Bitcoin, les cycles du marché et la nature dynamique de l'écosystème des crypto-monnaies doivent tous être pris en compte lors de l'évaluation de ces points de vue professionnels. Les gens peuvent prendre des décisions éclairées, gérer les risques et naviguer dans le paysage changeant du Bitcoin et d'autres crypto-monnaies en apprenant des prédictions d'experts. En fin de compte, un mélange de forces du marché, de progrès technologiques, de cadres juridiques et de développement continu des systèmes financiers internationaux aura un impact sur l'avenir du Bitcoin.

Bitcoin et l'avenir de la finance

La première crypto-monnaie décentralisée au monde, Bitcoin, est devenue une force perturbatrice dans le secteur financier. Ses caractéristiques distinctes et la technologie blockchain sous-jacente ont suscité des discussions et des réflexions spéculatives sur son influence potentielle sur l'orientation de la finance. Cette section examine comment Bitcoin change le paysage financier en examinant ses avantages, inconvénients et implications financières possibles pour de nombreux domaines du secteur. Nous pouvons en apprendre davantage sur la manière dont Bitcoin est positionné pour influencer l'avenir de la finance en examinant ces variables.

En raison de sa rareté et de sa structure décentralisée, Bitcoin a le potentiel de constituer une réserve de valeur. Il s'agit d'une alternative souhaitable aux monnaies fiduciaires conventionnelles et aux actifs de réserve de valeur comme l'or en raison de sa rareté et de son immunité perçue contre l'inflation.

La technologie Blockchain, qui sous-tend le Bitcoin, permet des transactions sûres, mondiales et rapides. Avec moins de recours aux intermédiaires, des coûts de transaction moins élevés et des transferts transfrontaliers plus rapides, son potentiel en tant que moyen d'échange remet en question les systèmes de paiement conventionnels.

Toute personne ayant accès à Internet peut rejoindre le réseau grâce à la structure décentralisée de Bitcoin, quelle que soit sa situation géographique ou financière. Grâce à la fourniture de services financiers et de possibilités auparavant inaccessibles, cela a la capacité d'autonomiser les communautés sous-bancarisées et non bancarisées.

La nature peer-to-peer du Bitcoin et ses faibles frais de transaction ont le potentiel de transformer complètement le marché des envois de fonds. Bitcoin peut faciliter des transactions transfrontalières plus rapides et moins coûteuses en supprimant les intermédiaires conventionnels et en réduisant les dépenses, ce qui est avantageux à la fois pour les particuliers et les entreprises.

En fournissant une infrastructure financière alternative, Bitcoin met le système bancaire conventionnel sous pression. Parce qu'il est décentralisé, aucun intermédiaire n'est plus nécessaire, ce qui pourrait réduire les coûts et accroître l'efficacité des processus tels que les prêts, les emprunts et la gestion d'actifs.

Les applications décentralisées (DApps) et les contrats intelligents peuvent être facilités par la technologie blockchain qui alimente Bitcoin. La finance décentralisée (DéFi), où les services financiers peuvent être obtenus sans recourir aux intermédiaires financiers conventionnels, est ainsi rendue possible. Cela encourage la transparence et réduit le risque de contrepartie.

Les régulateurs qui tentent d'établir des règles précises rencontreront des difficultés en raison de la nature décentralisée du Bitcoin. Des questions telles que la LBC (lutte contre le blanchiment d'argent), le KYC (connaissance du client), la fiscalité et la protection des investisseurs sont des défis que les gouvernements du monde entier tentent de résoudre. Trouver un équilibre entre encourager l'innovation et réduire les risques reste une tâche difficile.

Les régulateurs créent progressivement des cadres pour gérer les particularités des crypto-monnaies. Certains pays ont adopté des lois pour protéger les investisseurs et imposent des licences pour les échanges de crypto-monnaies. L'avenir du Bitcoin et son inclusion dans le système financier plus large seront déterminés par l'évolution de l'environnement réglementaire.

La volatilité des prix du Bitcoin continue d'être un obstacle majeur à son acceptation généralisée en tant qu'unité de compte fiable. Les fluctuations des prix peuvent entraver la capacité du Bitcoin à devenir un mode de paiement largement utilisé en décourageant les entreprises et les consommateurs de l'utiliser.

Les contraintes d'évolutivité du Bitcoin ont fait l'objet de débats. À mesure que le réseau se développe, des questions sur la capacité et la vitesse des transactions se posent. Le réseau Lightning et les solutions de couche 2, entre autres innovations continues, visent à surmonter ces problèmes d'évolutivité et à augmenter le débit des transactions de Bitcoin.

La garde et le stockage en toute sécurité des actifs Bitcoin présentent des difficultés. En raison de la nature décentralisée du Bitcoin, les utilisateurs sont responsables de la protection de leurs clés privées, qui, si elles sont égarées ou volées, peuvent entraîner une perte permanente d'actifs. Une utilisation plus large nécessite des solutions de conservation fiables et des mesures de sécurité solides.

Les grandes entreprises et institutions financières qui investissent dans le Bitcoin et fournissent des services liés aux crypto-monnaies sont le signe d'un intérêt institutionnel croissant pour le Bitcoin, ce qui indique une tendance vers une plus grande acceptabilité. La liquidité, la stabilité et l'amélioration de la confiance du public dans

Bitcoin en tant que classe d'actifs peuvent toutes être influencées par l'adoption institutionnelle.

Les développements technologiques en cours, tels que l'amélioration de l'évolutivité, de la confidentialité et de l'interopérabilité, devraient permettre de surmonter les problèmes actuels et d'augmenter le nombre d'applications pour Bitcoin. La technologie blockchain sous-jacente peut être améliorée pour encourager l'innovation et ouvrir de nouvelles opportunités pour le secteur financier.

L'émergence du Bitcoin constitue une menace pour les systèmes financiers établis, les poussant à innover et à s'adapter. En raison de la popularité des crypto-monnaies comme Bitcoin, les banques centrales étudient l'idée des monnaies numériques de banque centrale (CBDC). Un écosystème financier plus inclusif, efficace et transparent pourrait résulter de cette évolution.

La structure décentralisée de Bitcoin, les transactions transfrontalières et la technologie innovante contribuent toutes à son potentiel de changement du paysage financier à l'avenir. Bitcoin présente des perspectives d'inclusion financière, de désintermédiation et d'amélioration de l'efficacité à mesure que le secteur financier se développe. Cependant, des problèmes tels que la volatilité des prix, l'évolutivité et l'incertitude réglementaire subsistent. Le degré d'intégration du Bitcoin dans le système financier traditionnel dépendra de la manière dont la réglementation et l'innovation pourront coexister. Les parties prenantes peuvent naviguer dans un paysage financier changeant et utiliser le pouvoir révolutionnaire des crypto-monnaies en profitant des avantages potentiels du Bitcoin tout en gérant les risques associés.

Tendances émergentes : DéFi, NFT, monnaies numériques des banques centrales

Les développements émergents dans la finance décentralisée (DéFi), les jetons non fongibles (NFT) et les monnaies numériques des banques centrales (CBDC) provoquent un changement rapide du paysage financier. Ces tendances sont susceptibles de modifier un certain nombre de facettes du secteur financier, notamment la propriété des actifs, l'accessibilité et le fonctionnement des banques centrales. Des analyses approfondies des définitions, caractéristiques, avantages, inconvénients et implications de chaque tendance pour l'avenir de la finance sont fournies dans cette section. Les gens peuvent avoir un aperçu de l'évolution de l'écosystème financier et porter des jugements judicieux en connaissant ces nouvelles tendances.

La finance décentralisée, ou DéFi, est une idée révolutionnaire qui utilise des contrats intelligents et la technologie blockchain pour établir un environnement financier décentralisé. Il tente de supprimer les intermédiaires et d'offrir un accès illimité aux services financiers. Les échanges décentralisés, l'agriculture de rendement, les prêts et emprunts et d'autres services sont tous disponibles sur les plateformes DéFi. Une accessibilité accrue, des prix plus bas et un contrôle financier amélioré sont autant d'avantages de DéFi. Pour garantir la viabilité à long terme de DéFi, des problèmes tels que l'incertitude réglementaire et les faiblesses des contrats intelligents doivent être résolus.

Les NFT, ou jetons non fongibles, ont attiré beaucoup d'attention en raison de leur capacité à représenter la propriété ou à fournir la preuve de la légitimité d'actifs numériques spéciaux. Les NFT offrent une propriété fractionnée et de nouveaux marchés pour les actifs illiquides permettant la tokenisation des actifs du monde réel. Grâce aux NFT, les créateurs et les artistes peuvent directement récupérer la valeur de leur œuvre sans recourir à des intermédiaires conventionnels. Cependant, pour garantir l'expansion éthique de l'industrie du NFT, des problèmes tels que l'évolutivité, les préoccupations environnementales et la violation du droit d'auteur doivent être correctement pris en compte.

Les formes numériques de monnaie fiduciaire émises par les banques centrales sont connues sous le nom de monnaies numériques de banque centrale, ou CBDC. Les CBDC souhaitent accroître l'inclusion financière, offrir des méthodes de paiement sûres et efficaces et faire face aux nouveaux problèmes qui se posent à l'ère numérique. Il existe différents modèles commerciaux de CBDC, des CBDC de gros accessibles uniquement aux institutions financières aux CBDC de détail ouvertes au grand public. Les CBDC peuvent offrir des avantages tels que des paiements plus rapides et plus inclusifs, une plus grande stabilité monétaire et une meilleure surveillance réglementaire. Cependant, tout au long de leur mise en œuvre, les questions telles que les problèmes de confidentialité, le besoin d'infrastructure technologique et leur impact sur les banques commerciales doivent être soigneusement évaluées.

DéFi, NFT et CBDC sont trois nouveaux phénomènes qui sont des composants interconnectés de l'écosystème financier numérique en évolution. Ces tendances peuvent fonctionner ensemble pour produire de nouveaux outils financiers et une propriété d'actifs décentralisée. Pour exploiter pleinement le potentiel de ces évolutions, la collaboration entre les parties prenantes, notamment les chefs d'entreprise, les législateurs et les régulateurs, est essentielle. Pour garantir la sécurité des consommateurs, la stabilité financière et le respect des normes de lutte contre le blanchiment d'argent et de connaissance de la clientèle, des cadres réglementaires clairs doivent être établis. Lorsqu'il s'agit d'encourager l'adoption et l'utilisation responsables de ces technologies en développement, l'éducation et la sensibilisation des utilisateurs sont cruciales.

L'introduction de DéFi, NFT et CBDC, motivée par les progrès techniques et l'évolution des attentes des clients, signifie un changement de paradigme dans le secteur financier. Ces évolutions pourraient révolutionner la propriété des actifs, démocratiser la finance et modifier le fonctionnement des banques centrales. Pour garantir la viabilité à long terme et l'influence bénéfique de ces tendances, des préoccupations telles que la sécurité, l'évolutivité, les cadres réglementaires et la durabilité environnementale doivent être prises en compte. L'avenir de la finance pourrait tirer parti du pouvoir révolutionnaire des DéFi, des NFT et des CBDC pour créer un écosystème financier plus inclusif et plus efficace en encourageant la collaboration, en adoptant l'innovation et en trouvant un équilibre entre risque et récompense.

Conclusion

Résumer les points clés du livre électronique

Le livre électronique « Bitcoin : Maîtriser le monde de la crypto-monnaie – Votre manuel ultime sur Bitcoin » sert de référence complète pour quiconque cherche à comprendre et à naviguer dans l'environnement des crypto-monnaies et offre des informations pertinentes sur le monde du Bitcoin. Les principaux thèmes du livre électronique seront brièvement résumés dans cette section, en mettant l'accent sur les idées principales, les utilisations réelles et les dangers potentiels du Bitcoin. Les lecteurs peuvent acquérir une solide compréhension du Bitcoin et de ses implications pour l'avenir de la finance en examinant ces sujets essentiels.

Le livre électronique s'ouvre sur une description du Bitcoin en tant que première monnaie numérique décentralisée, mettant l'accent sur sa technologie innovante, ses transactions sécurisées et l'idée d'un grand livre distribué connu sous le nom de blockchain. Il explique la procédure de minage, qui implique de résoudre des problèmes mathématiques difficiles pour vérifier les transactions et sécuriser le réseau. Avec une quantité maximale de 21 millions de pièces, la nature rare du Bitcoin est encore soulignée.

La pertinence des portefeuilles Bitcoin, qui sont utilisés pour stocker et gérer les avoirs Bitcoin, est abordée en détail dans le livre électronique. Il passe en revue les nombreux types de portefeuilles, notamment les portefeuilles papier, matériels et logiciels, et met en évidence les caractéristiques de sécurité uniques de chacun. Pour se prémunir contre les menaces potentielles, il est essentiel de sécuriser les clés privées et d'utiliser les meilleures pratiques, comme l'authentification à deux facteurs et des sauvegardes régulières.

Le livre électronique examine le mécanisme de transaction Bitcoin et explique comment il fonctionne avec les adresses publiques et les clés privées. Il explique comment les transactions Bitcoin sont pseudonymes et souligne la valeur des techniques améliorant la confidentialité, telles que l'utilisation d'adresses différentes pour chaque transaction et l'utilisation d'outils axés sur la confidentialité tels que des mélangeurs ou ConJoint. Le livre électronique clarifie les malentendus concernant l'anonymat de Bitcoin et souligne l'importance de faire preuve de prudence lors de la préservation de la vie privée.

Un aperçu du minage de Bitcoin est donné dans le livre électronique, ainsi qu'une explication de la manière dont les mineurs se font concurrence pour valider les transactions et ajouter des blocs au réseau. Il décrit comment l'algorithme de preuve de travail, en particulier, joue un rôle clé dans le maintien de la sécurité et de l'intégrité du réseau Bitcoin. On parle également de la quantité d'énergie consommée par l'exploitation minière et de la question de savoir s'il existera un jour des alternatives plus économes en énergie.

Le livre électronique discute brièvement du potentiel du Bitcoin en tant qu'investissement, en soulignant à la fois l'évolution historique de ses prix et les variables qui affectent sa valeur. Il couvre les idées de la moyenne des coûts et de l'investissement à long terme ainsi que les dangers du trading à court terme et de la volatilité des marchés. Pour prendre des décisions d'investissement judicieuses, il est essentiel de mener une étude approfondie et de comprendre les techniques de gestion des risques.

Le livre électronique discute du potentiel du Bitcoin à perturber les systèmes financiers établis et à changer un certain nombre d'industries, tout en analysant ses effets possibles sur l'avenir de la finance. Il attire l'attention sur la façon dont la technologie blockchain est utilisée à des fins autres que les crypto-monnaies, comme les contrats intelligents et la finance décentralisée (DéFi). Le livre électronique souligne également à quel point les cadres réglementaires et l'acceptation généralisée sont essentiels à la viabilité à long terme du Bitcoin et à son inclusion dans le système financier mondial.

Le livre électronique « Bitcoin : Maîtriser le monde de la crypto-monnaie – Votre manuel ultime sur Bitcoin » est un guide complet qui couvre les éléments essentiels du Bitcoin, de sa technologie sous-jacente aux applications du monde réel et aux problèmes d'investissement. Il donne aux lecteurs une base solide d'informations qu'ils peuvent utiliser pour naviguer dans le monde complexe des crypto-monnaies et comprendre les avantages et les risques possibles de l'utilisation du Bitcoin. Les lecteurs peuvent apprendre des informations importantes sur les idées sous-jacentes et les implications du Bitcoin en tant que force perturbatrice dans le monde de la finance en lisant le résumé des idées principales du livre électronique dans cet essai. Comprendre en profondeur les concepts fondamentaux et les applications réelles de Bitcoin est crucial alors qu'il continue de se développer et d'influencer l'environnement financier.

Réflexions finales sur la maîtrise du Bitcoin et du monde de la crypto-monnaie

Le chemin pour maîtriser Bitcoin et découvrir le monde des crypto-monnaies est long et semé d'opportunités et de difficultés. Cette section est une réflexion sur ce qui a été appris et sur la manière dont Bitcoin a changé le paysage financier. Il étudie le potentiel révolutionnaire des crypto-monnaies, la valeur de l'éducation et de la sensibilisation, les risques et les avantages qui pourraient en découler, ainsi que les perspectives futures du Bitcoin et de l'écosystème plus large des crypto-monnaies. Nous pouvons mieux comprendre l'importance du Bitcoin et son influence sur l'avenir de la finance en examinant ces idées finales.

Le Bitcoin et les autres crypto-monnaies ont le pouvoir de changer complètement la façon dont nous interagissons avec les systèmes financiers, effectuons des transactions et stockons de la valeur. Les crypto-monnaies étant décentralisées, il n'y a plus besoin d'intermédiaires, ce qui donne aux gens plus de contrôle sur leurs finances. La technologie blockchain, qui sous-tend les crypto-monnaies, a le potentiel d'améliorer la transparence, la sécurité et l'efficacité de différentes entreprises. Nous observons le pouvoir transformationnel de la crypto monnaie et son potentiel d'adoption généralisée à mesure que nous devenons experts dans le domaine.

Afin de maîtriser Bitcoin et de naviguer dans le monde des crypto-monnaies, l'éducation et la sensibilisation sont cruciales. Les gens devraient faire un effort pour comprendre les idées de base, la technologie et les dangers liés aux crypto-monnaies. En savoir plus nous permet de faire des choix judicieux, de repérer les tentatives frauduleuses des tentatives légitimes et de promouvoir l'adoption de comportements éthiques. Il est essentiel de forger une communauté informée capable d'apporter des changements positifs dans l'écosystème des crypto-monnaies, les programmes éducatifs, la recherche universitaire et les partenariats industriels.

Il est important d'être conscient des risques et des récompenses potentiels associés au domaine des crypto-monnaies au fur et à mesure que nous y approfondissons. L'une des difficultés qui appelle à la prudence et aux techniques de gestion des risques est la volatilité. D'autres difficultés incluent l'incertitude réglementaire et les risques de sécurité. Mais il est impossible d'ignorer les avantages potentiels, notamment l'inclusion financière, les opportunités d'investissement et les progrès technologiques. La capacité à équilibrer risque et récompense est essentielle pour naviguer dans cet environnement en évolution rapide.

Depuis leurs débuts, le Bitcoin et les autres crypto-monnaies ont considérablement progressé. Pour l'avenir, cette technologie innovante a un avenir prometteur. Alors que les investisseurs institutionnels, les grandes organisations et les gouvernements reconnaissent le potentiel des crypto-monnaies, leur adoption grand public continue de se développer. Les problèmes d'évolutivité et d'efficacité énergétique qui constituaient un problème pour la technologie sont désormais résolus, permettant aux crypto-monnaies de gérer davantage de transactions et d'avoir un impact environnemental moindre. Un système financier plus ouvert et décentralisé est rendu possible par l'adoption des crypto-monnaies dans la vie quotidienne, notamment des systèmes de paiement et des applications décentralisées.

Alors que nous terminons notre exploration du Bitcoin et de l'industrie des crypto-monnaies, il est essentiel de souligner l'importance du comportement éthique. Les gens doivent donner la priorité à la sécurité en utilisant des portefeuilles sécurisés, en utilisant des pratiques de mot de passe appropriées et en étant à l'affût des fraudes et des tentatives de phishing. Pour maintenir le respect des réglementations, il est essentiel de comprendre les implications juridiques et fiscales des transactions en cryptomonnaies. De plus, encourager la tolérance, la diversité et le comportement moral au sein de la communauté des cryptomonnaies contribue à créer un écosystème plus juste et plus durable.

Comprendre Bitcoin et le secteur des crypto-monnaies est un processus permanent qui nécessite un apprentissage continu, de la flexibilité et une ouverture d'esprit. Nous reconnaissons le pouvoir révolutionnaire des crypto-monnaies et leur potentiel à changer la finance alors que nous prenons un moment pour réfléchir aux informations que nous avons apprises. Les fondements d'une participation responsable dans cet environnement dynamique sont la connaissance et la sensibilisation. Même s'il existe des inquiétudes, il est impossible de négliger les avantages potentiels et les effets favorables. Nous pouvons soutenir le développement et la maturité du domaine des crypto-monnaies en adoptant un comportement éthique et en encourageant le travail d'équipe. Soyons cohérents dans notre quête de connaissances, d'innovation et de démocratisation de la finance alors que le Bitcoin et les crypto-monnaies continuent de se développer.

Encouragement pour le parcours Bitcoin du lecteur

Commencer un voyage Bitcoin est un effort passionnant et transformationnel qui a le potentiel de vous autonomiser financièrement et de vous aider à grandir en tant que personne. Cette section cherche à inspirer les lecteurs dans leur parcours Bitcoin en décrivant les opportunités, les défis et les récompenses qui restent à venir. Les gens peuvent parcourir le chemin de l'indépendance financière et profiter de leur participation au monde Bitcoin en créant un état d'esprit positif, en acceptant l'apprentissage tout au long de la vie et en développant la résilience.

Le parcours du Bitcoin se caractérise par d'innombrables possibilités. Il est essentiel de développer un état d'esprit qui valorise l'innovation et la possibilité de progrès. Reconnaissez que

Bitcoin est plus qu'une simple monnaie numérique ; cela représente un changement fondamental dans la façon dont nous interagissons avec les systèmes financiers, effectuons des transactions et détenons de la valeur. Vous pouvez explorer les perspectives d'avancement professionnel, d'exploration technologique et l'autonomisation qui découle du fait d'être l'un des premiers à adopter une technologie de rupture en acceptant le pouvoir du potentiel.

Un parcours Bitcoin réussi nécessite une éducation et un apprentissage continu. Le paysage des cryptomonnaies est dynamique et en constante évolution, il est donc important d'être informé afin de prendre des décisions judicieuses et de réduire les risques. Pour mieux comprendre la technologie Bitcoin, les tendances du marché et les évolutions réglementaires, menez une étude approfondie, adhérez à des sources fiables et utilisez des outils pédagogiques. En continuant à en apprendre davantage, vous vous établissez en tant que membre averti de la communauté Bitcoin, capable de relever les défis et de saisir les opportunités.

La route vers le Bitcoin n'est pas sans défis et revers. Votre détermination peut être mise à l'épreuve par la volatilité, les fluctuations du marché et les préoccupations réglementaires. Cependant, c'est en ces temps difficiles que la résilience est la plus importante. Acceptez les défaites comme des opportunités d'apprentissage et soyez prêt à ajuster vos stratégies si nécessaire. Développez des techniques de gestion des risques conformes à vos objectifs financiers, améliorez votre stratégie d'investissement et apprenez de vos erreurs précédentes. Gardez à l'esprit que les revers ne sont que temporaires et que la persévérance finira par rendre votre chemin plus fort.

Bitcoin est plus qu'une simple technologie ; c'est aussi une communauté avec un objectif commun. Soyez en compagnie de personnes qui partagent votre point de vue et qui explorent également le Bitcoin. Rejoignez des communautés en ligne, participez à des débats, assistez à des conférences et partagez vos points de vue pour acquérir des connaissances grâce aux expériences des autres. Travaillez avec d'autres pour promouvoir le changement et contribuer à l'expansion et à l'utilisation du Bitcoin. Vous pouvez développer votre réseau, apprendre des choses intéressantes et trouver du soutien pour les hauts et les bas de votre voyage en établissant des relations au sein de la communauté Bitcoin.

Le voyage Bitcoin est un marathon, pas un sprint. Cela nécessite d'avoir une vision à long terme et de se concentrer sur une vision plus large. Reconnaissez qu'il faudra peut-être des années, voire des décennies, pour que le véritable potentiel de Bitcoin se manifeste. Vous vous préparez à une autonomisation financière à long terme en développant de la patience et une ferme confiance dans le pouvoir révolutionnaire du Bitcoin. Reconnaître que Bitcoin marque un changement fondamental dans notre façon de penser l'argent et la décentralisation ; c'est plus qu'un simple investissement spéculatif. Gardez un œil sur vos objectifs financiers ainsi que sur les effets possibles que Bitcoin peut avoir sur votre vie et sur le monde qui vous entoure tout au long de votre voyage.

Choisir de se lancer dans une aventure Bitcoin peut conduire à l'autonomisation financière, à l'exploration technologique et au développement personnel. Vous vous préparez au succès dans l'écosystème Bitcoin en croyant au pouvoir des possibilités, en apprenant constamment de nouvelles choses, en développant la résilience, en encourageant la communauté et la collaboration et en gardant une perspective à long terme. Restez persévérant dans votre dévouement à l'indépendance financière et gardez à l'esprit que l'expérience en elle-même est une opportunité d'apprentissage intéressante. Gardez l'esprit ouvert, restez informé et soyez prêt à vous adapter au fur et à mesure que vous naviguez sur le futur itinéraire. Votre expérience avec Bitcoin a la capacité de changer et d'amplifier votre vie. Au cours de ce voyage passionnant vers l'autonomisation financière, acceptez les difficultés, réjouissez-vous de vos succès et saisissez les opportunités qui vous attendent.

Merci d'avoir acheté et lu/écouté notre livre. Si vous avez trouvé ce livre utile/utile, prenez quelques minutes et laissez un commentaire sur la plateforme sur laquelle vous avez acheté votre livre. Vos commentaires comptent beaucoup pour nous.